经合组织 – 联合国粮农组织
负责任农业供应链指南

引用该出版物的格式为：

OECD/FAO (2017), *OECD-FAO Guidance for Responsible Agricultural Supply Chains (Chinese version)*, OECD Publishing, Paris.
http://dx.doi.org/10.1787/9789264273016-zh

ISBN 978-92-64-27300-9 (print)
ISBN 978-92-64-27301-6 (PDF)

前言

　　《经合组织-联合国粮农组织负责任农业供应链指南》（《指南》）旨在帮助企业遵守农业供应链中现有的负责任商业行为标准。这些标准包括《经合组织跨国企业准则》、《农业和粮食系统负责任投资原则》和《国家粮食安全范围内土地、渔业及森林权属负责任治理自愿准则》。遵守这些标准能帮助企业减轻不利影响，为可持续发展做出贡献。

　　《指南》针对在农业供应链中运营的所有企业，包括国内企业和国外企业、私营企业和公共企业、中小企业和大型企业。《指南》涵盖农业上下游的各个部门，从农用物资供应到生产、收获后处理、加工、运输、营销、分销和零售。《指南》针对农业供应链中产生风险的以下领域：人权、劳工权利、健康与安全、粮食安全与营养、自然资源权属权利与获取、动物福利、环境保护与自然资源的可持续利用、治理、技术与创新。

　　《指南》由四个部分组成：[i]

- 企业政策示例，概述企业为建立负责任农业供应链应该遵守的标准（第 1 部分）；

- 基于风险的尽责调查的框架，描述企业为识别、评估、减轻和说明如何消除自身活动造成的不利影响，应该遵守的五个步骤（第 2 部分）；

- 描述企业面临的主要风险和减轻这些风险的措施（附件 A）；

- 与土著人民合作的指南（附件 B）。

　　《指南》由经合组织与联合国粮农组织经过为期两年的多利益相关方过程制定。《指南》已获得经合组织投资委员会、农业委员会和联合国粮农组织总干事内阁的批准。

　　经合组织还制定了量身定制的指南，用于帮助企业在其他行业建立负责任供应链，具体针对采掘物，尤其是来自受冲突影响和高风险区域的矿石，鞋服与金融。

---

[i]　　其他资源参见：*http://mneguidelines.oecd.org/rbc-agriculture-supply-chains.htm* 与 *www.fao.org/economic/est/issues/investment/en.* 。

目录

表格

图表

文本框

6

Follow OECD Publications on:

http://twitter.com/OECD_Pubs

http://www.facebook.com/OECDPublications

http://www.linkedin.com/groups/OECD-Publications-4645871

http://www.youtube.com/oecdilibrary

http://www.oecd.org/oecddirect/

关注粮农组织

联合国粮食及
农业组织

twitter.com/FAOStatistics
twitter.com/FAOKnowledge
twitter.com/FAONews

facebook.com/UNFAO

linkedin.com/company/fao

plus.google.com/+UNFAO

instagram.com/unfao

youtube.com/user/FAOoftheUN

缩略词

CAO	国际金融公司与多边投资担保机构合规顾问申诉专员
CBD	《生物多样性公约》
CEDAW	《消除对妇女一切形式歧视公约》
CFS	世界粮食安全委员会
CFS-RAI	世界粮食安全委员会《农业和粮食系统负责任投资原则》
CSR	企业社会责任
EIA	环境影响评价
ESHRIA	环境、社会与人权影响评估
EU	欧盟
FAO	联合国粮食及农业组织
FDI	外商直接投资
FPIC	自由、事先和知情同意
ICESCR	《经济、社会、文化权利国际公约》
IFAD	国际农业发展基金
IFC	国际金融公司
IFPRI	国际食物政策研究所
ILO	国际劳工组织
ITPGR	《粮食和农业植物遗传资源国际条约》
MIGA	多边投资担保机构

MNE	跨国企业
NCP	国家联络点
NGO	非政府组织
OECD	经济合作与发展组织
OIE	世界动物卫生组织
PRAI	联合国粮农组织、国际农业发展基金（IFAD）、联合国贸易和发展会议（UNCTAD）和世界银行共同制定的《尊重权利、生计和资源的负责任农业投资原则》
RBC	负责任商业行为
VGGT	《国家粮食安全范围内土地、渔业及森林权属负责任治理自愿准则》
UN	联合国
UNCTAD	联合国贸易和发展会议
US	美国
USD	美元
WB	世界银行
WHO	世界卫生组织

序言

在农业部门运营的企业急需负责任商业行为的实践指导，《经合组织-联合国粮农组织负责任农业供应链指南》满足了这一需求。近年来，对农业的投资不断增加。为满足不断增长的需求，农业部门随之扩张，投资有望进一步增长。随着对农业部门的投资增加，人们也更加意识到，需要进行负责任的投资。农业供应链中负责任商业行为标准必不可少，可确保受益面广、农业继续实现其多重功能，包括粮食安全、减少贫困和经济增长。

2013 年 10 月-2015 年 9 月，在多利益相关方顾问小组的指导下制定《经合组织-联合国粮农组织指南》。顾问小组由来自经合组织成员国和非经合组织成员国、私营部门和民间社会的代表组成。由美国国际开发署（USAID）粮食安全局全球参与和战略处处长 David Hegwood 担任组长。三位副组长分别代表不同的利益相关方团体：FoodDrink Europe 总干事 Mella Frewen，EBG Capital 创始人兼管理合伙人 Bernd Schanzenbaecher 和跨国公司研究中心（SOMO）高级研究员、经合组织观察（OECD Watch）协调员 Kris Genovese。

顾问小组在工作过程中，召开三次面对面的会议，并通过电话会议开展三次磋商。首次会议于 2013 年 10 月 16 日召开，此后又于 2014 年 6 月 26 日和 2015 年 3 月 16 日分别召开会议。2015 年 6 月 18 日，多利益相关方顾问小组还与采掘行业有意义的利益相关方参与顾问小组召开联席会议，讨论自由、事先和知情同意。2014 年 2 月 10 日、2014 年 5 月 28 日和 2015 年 1 月 7 日还组织电话会议。2015 年 1 月和 2 月，开展在线公众磋商，征求更广泛利益相关方对《指南》草案的意见。

《经合组织-联合国粮农组织指南》还得益于 2014 年、2015 年举行的"负责任的商业行为全球论坛"得出的结论。2014 年 6 月 27 日，负责任农业供应链特别会议识别了企业在投资农业供应链时面临的主要风险，还讨论了政府和企业为减轻风险可以采取的措施，从而确保农业投资让原籍国、东道国以及投资者受益。2015 年 6 月 19 日，小组讨论探讨了农业供应链中运营的不同类型企业的角色和职责，以及这些企业协作开展尽责调查的方式。

顾问小组内观点的多样性有助于制定一份指南文件，强调尊重受农业供应链中运营不利影响的所有利益相关方的权利，界定农业供应链中运营企业的角色和职责，并提出减轻企业所面临风险的实用方法。我们坚信，《经合组织-联合国粮农组织指南》将是一个有用工具，指导企业开展尽责调查。我们相信，《指南》还将推动遵守《指南》制定过程中考虑的现有标准。

多利益相关方顾问小组组长、美国国际开发署粮食安全局全球参与和战略处处长

David Hegwood

委员会关于《经合组织-联合国粮农组织负责任农业供应链指南》的建议

2016 年 7 月 13 日

委员会，

参照 1960 年 12 月 14 日的《经济合作与发展组织公约》第五条 b 款之规定；

参照《国际投资与跨国公司宣言》[C(76)99/FINAL]、《委员会关于〈经合组织跨国企业准则〉的决定》[C(2000)96/FINAL 修订为 C/MIN(2011)11/FINAL]（后称《关于准则的决定》）、《关于打击国际商业交易中行贿外国公职人员行为的公约》、《委员会关于〈经济合作与发展组织受冲突影响和高风险区域矿石负责任的供应链尽职调查指南〉的建议》 [C/MIN(2011)12/FINAL 修订为 C(2012)93]和《委员会关于〈投资政策框架〉的建议》 [C(2015)56/REV1]；

回顾各国政府建议遵守《跨国企业准则》（后称《准则》），其共同目的在于推动负责任商业行为；

进一步回顾《关于准则的决定》规定，投资委员会须与国家联络点合作，主动与利益相关方合作，推动企业有效遵守《准则》中所含有关特定产品、区域、部门或行业的原则与标准；

考虑国际社会，尤其是世界粮食安全委员会和联合国粮农组织，为推动农业与粮食系统中的负责任投资和土地、渔业与森林权属负责任治理所作的努力；

认识到建设负责任农业供应链对可持续发展至关重要；

认识到各国政府、企业、民间组织和国际组织能够各尽所能，建设负责任农业供应链，造福整个社会；

注意到尽责调查是一个持续的主动预见和及时应对的过程，企业通过该过程，能够确保自身遵守政府支持的负责任农业供应链标准，主题涉及人权、劳工权利、健康与安全、粮食安全与营养、权属权利、动物福利、环境保护与自然资源的利用、治理、技术与创新；

参照《经合组织-联合国粮农组织负责任农业供应链指南》[C(2016)83/ADD1]（后称《指南》），投资委员会和农业委员会与联合国粮农组织合作，可酌情修改《指南》；

注意到本《指南》提出企业政策示例，概述为建立负责任农业供应链应该遵守的现有标准的内容和尽责调查五步框架，后者描述企业为识别、评估、减轻和说明如何消除自身活动和业务关系造成的实际和潜在不利影响，应该遵守的步骤；

依照投资委员会和农业委员会提出的议案：

一、　建议成员国和遵守本建议的非成员国（后称"加入国"），如相关，还有其本《指南》的国家联络点（后称"国家联络点"），积极推动加入国领土内运营或来自加入国的企业采纳《指南》，旨在确保这些企业遵守国际公认的农业供应链负责任商业行为标准，从而预防自身活动产生不利影响，为可持续发展，尤其是减贫、粮食安全和性别平等做出贡献；

二、　建议（尤其是）加入国采取措施，积极支持加入国领土内运营或来自加入国企业采用企业政策示例，将《指南》提出的农业供应链中基于风险的尽责调查五步框架融入企业管理体系；

三、　建议加入国及其国家联络点（如相关），在经合组织秘书处的支持下，包括通过与联合国和国际发展组织开展的各项活动，尽可能广泛宣传《指南》，并确保各利益相关方，包括农场、下游和上游企业、受影响的社区和民间组织积极采纳《指南》，并定期向投资委员会和农业委员会报告各项宣传和实施活动；

四、　邀请加入国与秘书长宣传本建议；

五、　邀请非加入国适当考虑并遵守本建议；

六、　授命投资委员会和农业委员会对建议的实施情况进行监督，并在建议获得采纳后五年内，以及其后适当的时间内向委员会进行汇报。

1. 引言

背景[1]

　　农业部门[2]在全世界拥有超过 5.7 亿座农场，应该继续吸引更多投资。南亚和次撒哈拉非洲尤其需要更多投资，那里工人的人均农业资本存量相对较低，分别为 1700 美元和 2200 美元；相比之下，拉美和加勒比地区则达到 16500 美元，欧洲和中亚为 19000 美元（联合国粮农组织，2012 与 2014）。未来十年，随着人口增长、收入增加、饮食改变，对粮食的需求增加，预计农产品价格水平将高于 2007-2008 年上涨前几年的水平。非粮食农产品的需求也正在日益增长（经合组织/联合国粮农组织，2015）。

　　在农业供应链中运营的企业可以创造就业，引入专业知识、技术和融资能力，持续提高农业产量、升级供应链，为可持续发展做出重大贡献。这能够增强粮食和营养安全，帮助实现东道国的发展目标。国际上达成一致的负责任商业行为（RBC）[3]原则旨在确保企业促进可持续发展。这些原则已经被相当数量的企业采用。随着机构投资者等新参与方日益涉足农业供应链，越来越多的投资者瞄准新市场，包括治理框架薄弱国家中的新市场，不遵守这些原则的风险可能会加剧。

　　为参与农业供应链的企业提供有关如何遵守现有负责任商业行为标准4的指导非常重要，能防范不利影响，并确保农业投资让企业[5]、政府和社区受益，促进可持续发展，尤其是有助于实现减贫、粮食安全和性别平等。《负责任农业供应链指南》（《指南》）针对的企业范围 包括直接参与农业生产的企业，比如小型生产商，以及通过商业关系[6]参与的其他参与者，比如投资基金、主权财富基金或银行。[7]

目的

　　《指南》意在帮助企业遵守农业供应链中负责任商业行为的现有标准，包括《经合组织跨国企业准则》（《经合组织准则》）。[8]国家联络点[9]承担进一步提升《经合组织准则》有效性的任务，《指南》旨在防范环境、社会和人权不利影响的风险，为国家联络点的工作提供潜在有益的补充。《指南》能帮助政府，尤其是国家联络点，推广《经合组织准则》并阐明农业部门的现有标准。

　　《指南》参考现有标准，帮助企业遵守这些标准，并开展基于风险的尽责调查。《指南》仅参考《经合组织准则》中与农业供应链紧密相关的部分内容以及其他标准，目的并非取而代之。因此，企业在声称遵守标准之前，应该直接参考每项标准。并非所有《投资宣言》[10]的加入国或者联合国粮农组织成员都支持本《指南》中考虑的标准。

范围

　　《指南》考虑了与农业供应链中负责任商业行为相关的现有标准，其中包括：

- 　　《经合组织跨国企业准则》（《经合组织准则》）；

- 世界粮食安全委员会《农业和粮食系统负责任投资原则》（CFS-RAI 原则）；

- 世界粮食安全委员会《国家粮食安全范围内土地、渔业及森林权属负责任治理自愿准则》（VGGT）；

- 联合国粮农组织、国际农业发展基金（IFAD）、联合国贸易和发展会议（UNCTAD）和世界银行共同制定的《尊重权利、生计和资源的负责任农业投资原则》（PRAI）；

- 《工商企业与人权指导原则[实施联合国"保护、尊重和补救"框架]》（《联合国指导原则》）；

- 国际劳工组织《关于多国企业和社会政策的三方原则宣言》（《国际劳工组织关于多国企业宣言》）；

- 《生物多样性公约》（CBD），包括阿格维古自愿性准则；

- 联合国欧洲经济委员会《在环境问题上获得信息、公众参与决策和诉诸法律的公约》（《奥尔胡斯公约》）。

以上标准符合顾问小组确定的以下三项准则[11]：通过政府间进程进行谈判和/或获得支持；与农业供应链相关；尤其针对商业/投资者社区。本《指南》考虑的四项主要标准在以下框 1.1 中进一步描述。《指南》还考虑了以下标准，这些标准尽管不符合上述准则，但却得到广泛使用，可视为与以上罗列的标准一致：

- 国际金融公司绩效标准；

- 联合国全球契约原则。

《指南》还参考了与实施上述标准相关的其他文件，比如联合国各项人权条约。此外，企业可能觉得有必要参考本《指南》未考虑的其他标准和更加具体的工具和指南：这些文件列表可参见网上。[12]

框 1.1. 《指南》中考虑的主要标准介绍

《经合组织跨国企业准则》（《经合组织准则》）： 《经合组织准则》是 1976 年《经合组织国际投资与跨国企业宣言》的四个组成部分之一，加入国承诺提供开放、透明的国际投资环境，鼓励跨国企业为经济社会进步做出积极的贡献。目前，《宣言》拥有 46 个成员国：34 个经合组织经济体和 12 个非经合组织经济体。[1]《经合组织准则》经过数次修订，最近一次修订于 2011 年进行。这是一套有关负责任商业行为内容的最全面建议，得到政府的支持。《准则》涵盖负责任商业行为的九大领域：信息公开、人权、就业和劳资关系、环境、贿赂与腐败、消费者的权益、科学技术、竞争和税收。《准则》是各国政府对在加入国运营或来自加入国的跨国企业提出的建议。每个加入国必须建立国家联络点，以进一步提高《准则》的有效性，为此需要开展宣传活动，处理问询，并促成特定情况下出现的《准则》实施相关议题的解决。《准则》是首份融入企业责任的国际文件，以尊重《联合国指导原则》中规定的人权，并将基于风险的尽责调查纳入与不利影响相关商业伦理的主要领域。[2]

《农业和粮食系统负责任投资原则》（CFS-RAI 原则）：2012-2014 年，《原则》经世界粮食安全委员会领导的政府间谈判制定，民间组织、私营部门、学者、研究人员和国际组织参与其中。2014 年 10 月 15 日，《原则》在世界粮食安全委员会第 41 届会议期间获得批准。《原则》为自愿性质，不具约束力，针对农业和粮食系统所有类型的投资。《原则》包含与以下主题相关的十项核心原则：粮食安全和营养；可持续包容性经济发展和根除贫困；性别平等和女性赋权；青年人；土地、渔业和森林权属以及水资源的获得；可持续管理自然资源；文化遗产、传统知识、多样性与创新；安全健康的农业；包容、透明的治理架构、流程和申诉机制；影响和问责。补充部分的内容描述利益相关方的角色和职责。

《国家粮食安全范围内土地、渔业及森林权属负责任治理自愿准则》（VGGT）：《国家粮食安全范围内土地、渔业及森林权属负责任治理自愿准则》 是全球范围内最早制定的权属准则。《准则》经世界粮食安全委员会领导的政府间谈判制定，民间组织、私营部门代表、学者、研究人员和国际组织也参与其中。2012 年 5 月 11 日，《准则》在世界粮食安全委员会第 38 届（特别）会议期间获得批准。《国家粮食安全范围内土地、渔业及森林权属负责任治理自愿准则》已经获得全球认可，G20 和《里约+20 宣言》鼓励实施《准则》。2012 年 12 月 21 日，联合国大会：欢迎世界粮食安全委员会第 31 届（特别）会议的成果——批准《国家粮食安全范围内土地、渔业及森林权属负责任治理自愿准则》；鼓励各国适当考虑实施《准则》；以及要求相关联合国实体确保迅速传播和推广《准则》。[3]《准则》为改善土地、渔业及森林权属的治理提供参考框架，支持粮食安全，并帮助全球和各国消除饥饿和贫困。《准则》承认土地在开发中的核心作用，推动安全权属权利和平等获取土地、渔业和森林。《准则》规定原则和国际上认可的实践，可以指导与权属治理相关的政策和法律的制定和实施。《准则》基于并支持《支持在国家粮食安全范围内逐步实现充足食物权的自愿准则》，后者由联合国粮农组织理事会于 2004 年 11 月批准。

《尊重权利、生计和资源的负责任农业投资原则》（PRAI）：2009 年 9 月，农发基金、联合国粮农组织、贸发会议和世界银行组成的机构间工作组（IAWG）在联合国大会期间举行"促进负责任国际农业投资"圆桌会议，提出七项原则，随后于 2010 年 2 月发布摘要版本。这七项原则关注：土地和资源权利；粮食安全；透明、善治和有利环境；磋商和参与；负责任农业企业投资；社会可持续性；以及环境可持续性。[4]2010 年 11 月，G20 在首尔峰会上鼓励"所有国家和公司秉承负责任农业投资原则"，作为其多年发展行动计划的一部分。机构间工作组向 2011 年 G20 和 2012 年 G8 提交有关《尊重权利、生计和资源的负责任农业投资原则》的报告和《促进负责任农业投资选择方案行动计划》。[5]G20 同意采用双轨制，开展《尊重权利、生计和资源的负责任农业投资原则》试点和利用获取的经验教训影响各种磋商过程。2012 年 10 月，机构间工作组提交行动计划的进度报告，特别提及《尊重权利、生计和资源的负责任农业投资原则》在东道国和企业的实地测试。[6]最近，2013 年《G20 发展承诺圣彼得堡责任报告》"欢迎《尊重权利、生计和资源的负责任农业投资原则》试点项目在一些非洲和东南亚国家现场测试取得的进展"。

1. 截至 2016 年 4 月，这些国家包括阿根廷、巴西、哥伦比亚、哥斯达黎加、埃及、约旦、拉脱维亚、立陶宛、摩洛哥、秘鲁、罗马尼亚和突尼斯。

2. 尽责调查适用于《准则》的所有章节，科学技术、竞争与税收除外。

3. http://www.un.org/News/Press/docs//2012/ga11332.doc.htm。

4. 《尊重权利、生计和资源的负责任农业投资原则》的文本可从以下网址下载：www.responsibleagroinvestment.org。

5. 《G20 多年发展行动计划》粮食安全支柱的机构间工作组，《促进负责任农业投资选择方案》，提交给高级别工作组的报告，2011 年 9 月。

6. 《负责任农业投资原则》机构间工作组，《负责任农业投资原则》实地测试综合报告，2012 年 10 月。

来源：经合组织与联合国粮农组织工作人员。

目标用户

　　《指南》承认农民是初级农业的最大投资者，但针对的目标却是在农业供应链中运营的所有企业，详情参见以下图 1.1，包括国内企业和国外企业、私营企业和公共企业、中小企业和大型企业，在《指南》中统称为"企业"。[13]各国政府，尤其是国家联络点，还可以利用《指南》更好地理解和推广农业供应链中的现有标准。此外，《指南》还可以帮助受影响的社区树立对上述参与方的期望，从而确保自身权利受到尊重。

过程

　　2013 年 10 月，联合国粮农组织和经合组织经过多利益相关方顾问小组领导的包容性磋商过程，制定《指南》。[14]顾问小组由来自经合组织成员国和非经合组织成员国、机构投资者、农业食品公司、农民组织、民间组织和国际组织的代表组成。任务如下：

- 为制定《指南》提供实质性意见和建议；

- 协助与其他相关利益相关方广泛开展磋商的过程，包括提供意见和建议、参与多利益相关方过程，尤其是《世界粮食安全委员会农业和粮食系统负责任投资原则》开放式的工作组会议；

- 提供有关后续措施的实质性意见和建议，有效推广和实施《指南》。

　　联合国粮农组织秘书处和经合组织秘书处与顾问小组合作，在组长和副组长的领导下，协调磋商过程。已经定期与经合组织投资委员会的附属机构负责任商业行为工作组和经合组织农业委员会的附属机构农业政策与市场工作组开展磋商。

主要概念

农业供应链

　　农业供应链是指包含为消费者市场生产农业食品所涉及的所有活动、组织、参与方、技术、信息、资源和服务的系统。农业供应链涵盖农业上下游各个部门，从农用物资（比如种子、肥料、饲料、药物或设备）供给到生产、收获后处理、加工、运输、营销、分销和零售。农业供应链还包括支持服务，比如推广服务、研发和市场信息。因此，农业供应链由各类不同企业组成，从小农、农民组织、合作社和创业公司到跨国企业（通过母公司或本地子公司）、国有企业和基金、私人金融机构和私人基金会。近年来，一些参与方已进入农业部门。

　　供应链结构与每个阶段涉及的企业因产品和地理位置的不同而大相径庭。[15]因此，应该根据具体情况逐一分析在农业供应链中运营的企业，以期更好地理解这些企业间的关系、信息与资金流，更好地设计审核。出于《指南》考虑，建议使用图 1.1 的简化供应链结构。

　　企业通过各种不同的关系和安排相互关联。下游企业能够与农场企业发生各种不同类型的关系，以确保获取农产品。下游企业无需过多参与便可通过采购合同要求生产商符合标准和规格。但是，他们也可以更加积极地参与其中，尤其是通过订单农业，协调生产，确保质量和安全。[16]金融企业可以通过为农场企业和下游企业提供资金、绿地或棕地投资、合资企业或兼并和收购，

18

以更间接的方式参与其中。这些类别在实践中经常很难描述。例如，合作社通常拥有或管理农业设备以及下游资产（比如糖厂），因此不仅可以被视为农场企业，而且也可以被视为下游企业。

图 **1.1.** 农业供应链的各个阶段和涉及的企业

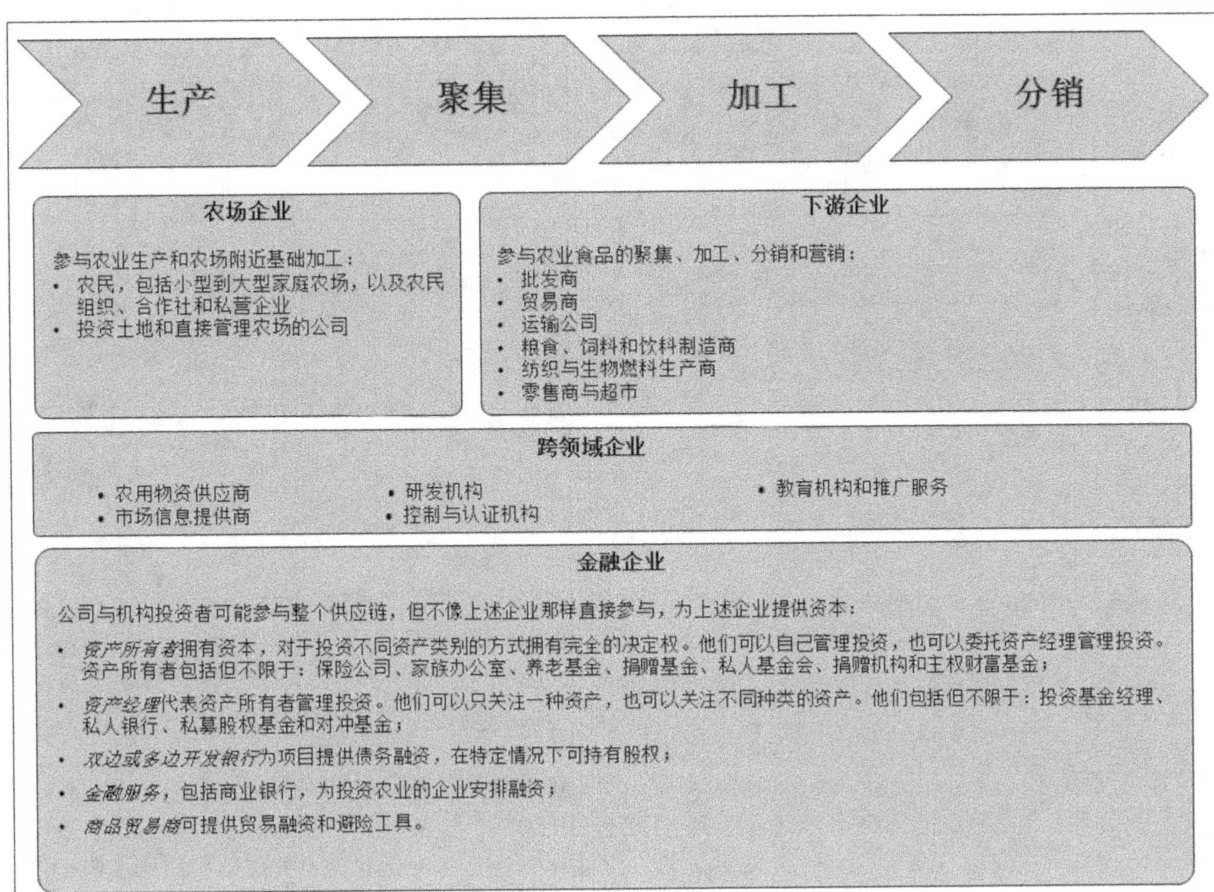

注：经合组织工作人员。本图仅供参考，并不一定全面。

企业可以根据自身在供应链中的情况，关注特定风险（图 1.2）。例如，农场企业面临更高的权属权利相关风险。因此，农场企业应该尤其关注与权属权利人开展真诚、有效和有意义的磋商。

图 1.2. 农业供应链各个阶段的风险

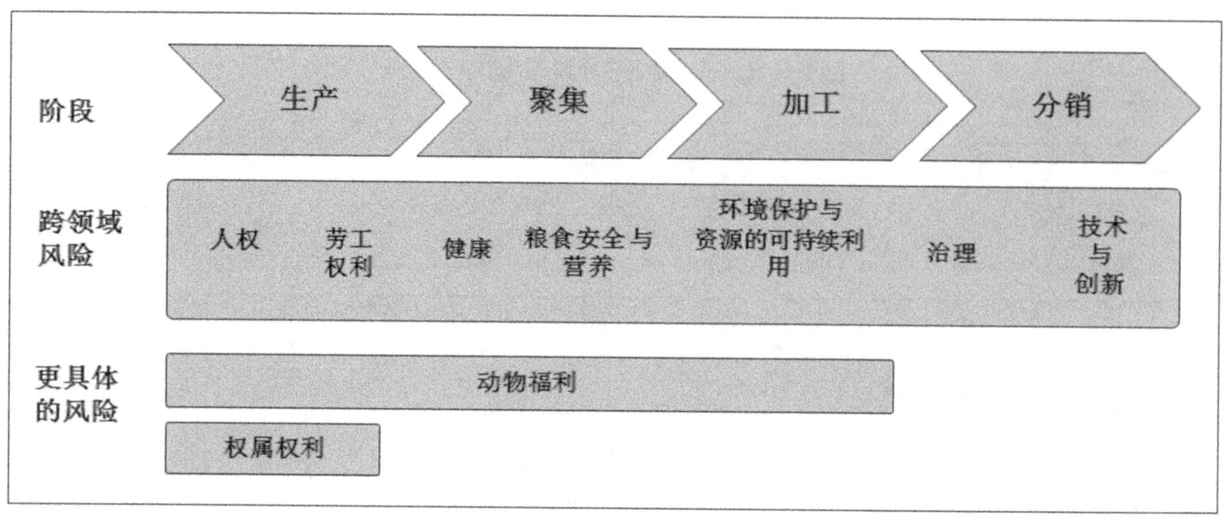

来源：经合组织工作人员。

尽责调查

尽责调查是指企业识别、评估、减轻、防范和说明如何消除自身活动造成的实际和潜在不利影响，并将其作为商业决策和风险管理体系必要组成部分的过程。[17]尽责调查提到的不利影响或因企业造成，或由企业促成，或是由于商业关系而与企业的运营、产品或服务有直接关系（更多详情，参见框 1.2）。

企业识别自身活动和商业关系的实际情况，并根据国家与国际法律和标准规定的适用权利和职责、国际组织的负责任商业行为建议、政府支持的工具、私人自愿性倡议及企业自身的政策与制度，评价实际情况，以评估风险。尽责调查可以帮助企业及其商业伙伴确保遵守国际和国内法律以及负责任商业行为标准。

框 1.2. 消除不利影响

根据《经合组织准则》，企业应该"避免因自身活动，给《准则》所涉事宜造成或促成不利影响，在出现不利影响时消除这些影响"。企业还应该"假如不利影响并非由企业所起，但由于商业关系，这种影响与企业的运营、产品或服务有着直接关系，则努力防止或减轻这种影响。这样做的目的不是要将造成不利影响的实体的责任转嫁给与之有商业往来的企业"。例如，金融机构可能促成其拥有多数股权或控股的被投资公司造成的不利影响。

如果企业的运营、产品或服务与不利影响之间存在因果关系，企业就"造成"了不利影响。行为以及行为疏忽或者说不作为都会构成因果关系。"促成"不利影响应理解为实质性促进作用，意为可以导致、推动或激励另一实体造成不利影响的活动。如果企业活动和另一实体的活动共同造成不利影响，企业也可以促成不利影响。"有直接关系"是一个宽泛的概念，涵盖与商业关系相关的不利影响。"商业关系"一词包括企业与商业伙伴、供应链中实体以及与企业业务运营、产品或服务有直接关系的其他非国家实体或国家实体的关系。与企业存在"商业关系"的实体在《指南》中称为"商业伙伴"。

尽责调查的性质与范围受到诸多因素的影响，例如企业规模、经营环境与位置、产品或服务的性质，以及实际与潜在不利影响的严重程度。[18]中小企业，尤其是小农，可能无能力开展本《指南》中建议的尽责调查，鼓励中小企业参与客户的尽责调查工作，从而提高自身能力，能够在未来开展适当的尽责调查。

《经合组织准则》建议开展基于风险的尽责调查，这意味着尽责调查的性质和范围应该与不利影响风险的类别和水平相对应。[19]实际和潜在不利影响的严重程度应该决定所需尽责调查的规模和复杂程度。风险更高的领域应该开展增强型尽责调查。企业拥有多个供应商时，鼓励企业依据风险评估，识别最有可能产生不利影响的普遍领域，确定对供应商开展尽责调查的先后顺序。[20]基于风险的方式不应禁止企业在某些环境下参与或与某些商业伙伴合作，但是应该协助企业有效管理高风险环境下产生不利影响的风险。

如第 3 部分详细阐述，尽责调查的各个组成部分可以纳入以下五步框架（框 1.3）。

框 1.3. 尽责调查五步框架

- 第 1 步：为负责任供应链制定完善的企业管理体系

- 第 2 步：识别、评估供应链中的风险，并确定风险的优先级

- 第 3 步：设计并实施策略，回应供应链中已识别的风险

- 第 4 步：验证供应链尽责调查

- 第 5 步：报告供应链尽责调查

来源：经合组织，2013。

由于同一企业可能跨越供应链的不同阶段，确保企业不同部门之间的良好协调能够有助于开展尽责调查。企业可以适当考虑竞争与资料保密问题，在行业中合作开展尽责调查，通过以下方式，确保过程相辅相成并降低成本：

- 全行业合作，例如通过行业组织为支持和推进遵守国际标准而创建并管理的倡议；[21]

- 对于具体尽责调查任务，行业内分摊成本；

- 拥有相同供应商的行业成员之间的协调；

- 供应链不同环节（比如上下游企业）之间的合作。

与国际组织和民间组织的伙伴关系也可以支持尽责调查。行业驱动的项目如果不仅涉及企业，而且还涉及民间组织、工会和相关专家，允许他们达成共识，则最为可信。然而，企业对自身的尽责调查负责。

结构

《指南》的结构借鉴了《经济合作与发展组织关于来自受冲突影响和高风险区域的矿石的负责任供应链尽责调查指南》[22]，阐明《经合组织准则》如何通过建议尽责调查和减轻风险的措施，应用于特定行业。为此，《指南》包括以下内容：

- 第1部分：企业政策示例，概述企业为建立负责任农业供应链应该遵守的现有标准的内容

- 第2部分：农业供应链中基于风险尽责调查的框架

- 附件A：描述农业供应链中的风险，以及借鉴现有标准，减轻风险的措施

- 附件B：与土著人民合作的指南

2. 负责任农业供应链企业政策示例

本企业政策示例提供企业为建立负责任农业供应链应该遵守的主要标准。为此，政策示例概述了负责任农业供应链相关国际标准各个部分的内容。[23]其中一些标准，例如人权、劳工权利和食品安全标准，已经纳入了许多国家的法律。

企业可以采纳本企业政策示例，或者将相关部分的内容纳入现有的企业社会责任、可持续性、风险管理政策或其他同等替代政策，并根据现有政策量身定制部分内容。使用"我们"一词，表明企业的自我承诺。在设计政策时，企业还应该确保自身遵守所有适用的国家法律，并考虑其他相关国际标准。采纳负责任农业供应链政策是开展第 3 部分中概述的基于风险尽责调查框架的第一步，第 3 部分描述如何实施这种政策。

我们意识到农业供应链中可能发生重大不利影响的风险，意识到我们尊重人权的责任和促成可持续发展，尤其是减少贫困、实现粮食安全和营养、性别平等的能力，承诺在与商业伙伴签署的合同和协议中，采取、实施、广泛传播和纳入以下负责任农业供应链政策。我们将在可行的情况下，鼓励商业伙伴采取本政策，如果商业伙伴造成或促成不利影响，我们将利用自身的影响力，防范或减轻影响。

1. 跨领域负责任商业行为标准

影响评估

我们将持续评估并在决策中消除运营、过程、商品和服务整个生命周期中产生的实际和潜在影响，以期避免或者不可避免时减轻不利影响。影响评估应该让代表性数量的所有相关利益相关方团体参与。[24]

公开

我们将在投资周期的所有阶段，向潜在受影响的社区及时公布与可预见风险因素相关的准确信息，以及我们对特定环境、社会和人权影响的回应。[25] 我们还将提供准确、可验证的明确信息，足以让消费者做出知情的决定。[26]

磋商

在可能影响社区的运营开始之前，我们将通过社区的代表机构与社区开展真诚、有效和有意义的磋商；在运营期间和运营结束时，我们将继续与社区开展磋商。我们将牢记，男女可能面临不同的风险。[27]

为了获得自由、事先和知情同意[28]，我们将通过土著人民的代表机构与其开展有效和有意义的磋商，旨在实现《联合国土著人民权利宣言》的目标，并适当考虑各个国家的独特立场和理解。[29]

分享收益

我们将确保自身的运营为可持续、包容的农村发展做出贡献，[30]酌情包括根据相互协商一致的条款，推动与受影响社区公平、平等地分享货币和非货币收益，并遵守各方适用的国际条约，例如将遗传资源用于粮食与农业时。[31]

申诉机制

我们将与潜在用户开展磋商，规定合法、可及、可预测、公平和透明的运营层面申诉机制。我们还将就其他非司法申诉机制开展合作。由于不遵守负责任商业行为标准，我们的运营已经造成或促成不利影响，此时上述申诉机制能够实现补救。[32]

性别

我们将帮助消除对女性的歧视，加强女性有意义地参与决策、扮演领导角色，确保女性职业发展和晋升，促进女性平等获取和控制自然资源、物资、生产工具、顾问和金融服务、培训、市场和信息。[33]

2. 人权

在国际公认的人权[34]、我们运营所在国的国际人权义务以及相关国内法律法规的框架内，我们将：

- 尊重人权，[35]这意味着避免侵犯他人人权，解决我们所涉的对人权的不利影响；

- 在我们自身活动范围内，避免造成或促成对人权的不利影响，并在出现这些不利影响时予以解决；[36]

- 设法防范或减轻通过商业关系与我们运营、产品或服务直接相关的对人权的不利影响，即使我们没有促成这种影响；[37]

- 开展适合我们运营规模、性质、背景、以及对人权不利影响风险的严重程度的人权尽责调查；[38]

- 我们如果确认自身造成或促成对人权的不利影响，通过合法程序提供补救，或在补救问题上给予合作；[39]

- 在我们自身活动的范围内，确保尊重所有人的人权，不分种族、肤色、性别、语言、宗教、政治或其他见解、国籍或社会出身、财产、出生或其他身份等任何类别。40

3. 劳工权利

我们将在运营中尊重国际核心劳工标准，即包括提供给外来务工人员的结社自由和集体谈判的权利、消除所有形式的强迫劳动或强制劳动、切实废除童工以及消除就业和职业方面的歧视。[41]

在我们运营中，我们还将：

- 确保职业健康与安全；

- 确保体面的工资、福利和工作条件，至少能满足工人及其家人的基本需求，并努力改善工作条件；[42]

- 推动就业保障并合作实施政府计划，为终止就业的工人提供某种形式的收入保护；[43]

- 力求防范对外来工人的虐待；[44]

- 采取方式、措施与过程，以加强女性有意义地参与决策、扮演领导角色。[45]

我们将通过以下方式，为实现工作权利[46]做出贡献：

- 努力直接和间接地增加就业机会；[47]

- 确保向所有层次的员工提供相关培训，以满足企业的需求、符合东道国的发展政策，包括提高年轻人的生产效率和/或让年轻人获取更多就业和创业机会；[48]

- 确保在工作中提供生育保护。[49]

4. 健康与安全

我们将通过以下方式，促进公众健康[50]：

- 采用合适的做法，包括遵守食品安全方面的良好实践，防范在我们的运营中对人类生命、健康和福利构成威胁，以及我们的商品和服务的消费、使用或处置造成威胁；[51]

- 在我们运营的生命周期中，为保护受影响社区的健康与安全做出贡献。[52]

5. 粮食安全与营养

我们将努力确保运营促成粮食安全与营养。我们将关注加强安全、营养和不同粮食的可得性、可及性、稳定性和利用。[53]

6. 自然资源的权属权利和获取

我们将尊重合法的权属权利人[54]及其对自然资源的权利，包括潜在受我们活动影响的公共、私人、公有、集体、土著和习惯权利。自然资源包括土地、渔业、森林和水。

我们将承诺尽可能实现土地投资的透明和信息公开，包括租赁/特许权合同条款的透明，并适当考虑隐私限制。[55]

我们将优先考虑可行的替代项目设计，以避免，或者不可能避免时，最大限度地减少合法权属权利人的实体和/或经济迁移，同时平衡环境、社会和财务成本与收益，尤其关注对贫困和弱势群体的不利影响。

我们知道，各国应该根据国家法律和国情，只有公共目的需要所涉权利时才征用，并应确保及时、足额和有效赔偿。[56]

合法权属权利人受到负面影响时，我们将寻求确保权利人获得对受我们运营负面影响的权属权利的及时、足额和有效赔偿。[57]

7. 动物福利

我们在运营中将支持动物福利[58]，包括通过以下方式：

- 努力确保实施动物福利的"五大自由"，即享有不受饥渴和营养不良的自由、不受身体和保暖不适的自由、不受痛苦、伤害和疾病折磨的自由、无恐惧和悲伤感的自由，以及表达天性的自由；[59]

- 确保动物生产管理和饲养的高标准，标准与运营的规模相适应，符合或超越世界动物卫生组织的原则。[60]

8. 环境保护与自然资源的可持续利用

我们将与负责的政府机构和合适的第三方协调，根据运营的性质和规模，制定并维护与潜在环境与社会风险和影响相称的环境与社会管理体系。[61]

我们将通过以下方式，持续改善环境绩效：

- 防范、最大限度地减少并补救污染、对空气、土地、土壤、水、森林和生物多样性的污染和负面影响，减少温室气体排放；

- 避免或减少危险废物和非危险废物的产生，替代或减少有毒物质的使用，[62]并加强废物的生产性利用或确保废物安全处置；

- 确保自然资源的可持续利用，提高资源利用效率和能源效率；[63]

- 减少粮食损失和浪费，推动循环利用；

- 推广良好农业实践，包括保持或改善土壤肥力，避免水土流失；

- 支持并保护生物多样性、遗传资源和生态系统服务；尊重保护区[64]、高保护价值区和濒危物种；控制并最大限度地减少外来入侵物种的扩张；

- 针对气候变化的影响，采取适应措施，提高农业和粮食系统的弹性、增加支持栖息地和相关生计。[65]

9. 治理

我们将防范并禁止一切形式的腐败和舞弊行为。[66]

我们将遵守运营所在国家的税收法律法规的字面条文和精神实质。[67]

我们将避免与竞争对手签署或执行反竞争协议，与竞争调查部门合作。[68]

我们将根据《经合组织公司治理原则理事会的建议》中所含原则适用于企业的程度，执行原则。[69]

10. 技术与创新

我们将促成合适技术的开发与推广，尤其是环境友好型技术和创造直接与间接就业的技术。[70]

3. 农业供应链中基于风险的尽责调查五步框架

企业应该实施以下五步框架，在农业供应链中开展基于风险的尽责调查：(i) 为负责任供应链制定完善的企业管理体系；(ii)识别、评估供应链中的风险，并确定风险的优先级；(iii) 设计并实施策略，回应已识别的风险；(iv) 验证供应链尽责调查；以及(v)报告供应链尽责调查。第一步包括采纳企业负责任商业行为政策，可借鉴《指南》第 2 部分中的企业政策示例。 所有企业均应该开展尽责调查，但实施本五步框架应该根据企业在供应链中的地位和参与类型、运营的环境和位置、以及企业规模和能力量身定制。本部分尽可能区分每个步骤中不同类型企业（农场企业、下游企业和金融企业）的职责。

第 1 步：为负责任供应链制定完善的企业管理体系

1.1 分析供应链

这要求识别涉及的各个参与方，包括酌情采纳农业供应链中企业的负责任商业行为政策（以下称企业的负责任商业行为政策），或者将其纳入现有过程。本政策应该纳入开展尽责调查的标准，借鉴国际标准和前文的企业政策示例。政策可以由一项政策或几项独立的政策（比如企业的人权政策）组成，可以包括遵守认证计划等现有行业标准的承诺。[71]如果正在实施长期政策，差距分析可以确定与第 2 部分中企业政策示例相比存在的差距，相应地更新现有政策。

企业的负责任商业行为政策应该：

- 获得企业最高层的批准。应该指派高层负责政策的实施；

- 借鉴有关的内部和外部专业知识，并酌情开展利益相关方磋商；

- 规定企业对员工、商业伙伴和与企业运营、产品或服务直接相关其他各方的负责任商业行为的预期；

- 公布于众，并传达给所有员工、商业伙伴和其他相关各方；

- 反映在必要的运营政策和程序中，使其贯穿整个企业；[72]

- 随着对供应链中的风险和国际标准的了解加深，定期审查和调整。

在供应链的特定阶段出现一些不利影响的风险，比如在生产和加工阶段出现对土地权属和动物福利的风险，企业的负责任商业行为政策应该涵盖整个供应链中出现的风险。

1.2. 建构内部管理，以支持供应链尽责调查

高级管理层应该明显、积极地参与实施并确保遵守企业的负责任商业行为政策。员工和商业伙伴应该接受培训，并因遵守政策而获得激励。应该指定具备相关技术和文化技能的个人负责开展尽责调查，并配备必要的支持团队。应该提供足够的财务资源。应该建立、维护内部报告制度，并将报告制度在企业内部主要节点上进行沟通。负责任商业行为实践应该在企业的运营过程中保持一致。这些措施应该考虑企业的财务能力，根据企业宗旨、活动、产品和规模量身定制。

1.3. 在供应链中制定**控制**和**透明**制度

监测企业负责任商业行为政策的实施对于确保政策的可信度和有效性，以及与包括政府在内的利益相关方保持良好关系至关重要。监测需要：

- 创建内部验证程序，定期对政策的符合性开展独立、透明的审查。这种程序可包含追溯制度[73]，这意味着，创建尽责调查过程、结果和后续决定的内部文件；保存内部存货和交易文件，可用于追溯识别供应链中的参与方；通过正式银行业务支付和接收款项，并确保所有不可避免的现金采购获得可验证文件的支持；将收集的信息保存数年。上游企业应该建立物料平衡或物理隔离可追溯性，[74]例如通过产销监管链，而下游企业应该识别上游供应商和上游子供应商的采购国家。从上游企业传递到下游企业的尽责调查信息可以提高透明度，促进可追溯性；

- 建立永久的商业关系，作为实现信息持续流动的最佳方式。与各利益相关方的沟通渠道可以提醒对政策和相关标准可能发生的背离。定期审核以及环境、社会和人权影响评估[75]的实施和后续措施也能有助于评估符合性，但不应该替代上述信息流。

1.4. 加强与商业伙伴的合作

负责任商业行为政策借鉴企业的负责任行为政策，应该纳入与商业伙伴签署的合同与协议。政策应该根据企业的能力量身定制。与商业伙伴保持长期关系可以增加影响力，鼓励采纳负责任商业行为政策，提高透明度。与商业伙伴协调，让地方政府和中央政府、国际组织和民间社会参与，共同制定实施计划，尤其是通过提供能力建设的培训，也能改善符合性。例如，小型农民要符合成本昂贵的严格要求可能有困难，企业能够建设其能力。

1.5. 与相关利益相关方开展磋商，合作制定运营层面的申诉机制

申诉机制[76]能帮助通知企业对相关标准的背离，并帮助企业识别风险，包括允许改善与相关利益相关方的沟通。可以在项目、企业或行业层面建立申诉机制。申诉机制应该被用做风险意识预警系统，作为一种防范冲突、提供补救的机制。例如，根据现有劳资关系制度和集体谈判协议建立的申诉机制可以形成有效、可信的机制，尊重劳工权利。

对于工人和受企业未遵守负责任商业行为标准而导致的不利影响实际和潜在影响的所有各方，申诉机制应该容易获取。企业应该公布申诉机制的存在以及获取方式、积极鼓励使用申诉机制，保证用户匿名、不受报复，并定期验证机制的有效性。企业应该记录收到的投诉，并公开该记录，通过申诉机制获取的经验教训应该纳入企业的负责任商业行为政策、与商业伙伴的关系和监测体系。

申诉机制应该补充企业还应该参与的司法和非司法机制，比如国家联络点。

2.1. 分析供应链，识别涉及的各参与方，酌情包括直接供应商和商业伙伴的名称，以及运营场地。例如，可以要求农场企业提供以下详细信息：生产商单位的名称；地址和场地识别；现场经理的联系方式；生产的类别、数量、日期和方式；男女工人数；风险管理实践列表；运输路线；以及已经开展的风险评估。

企业，尤其是与农业生产有数层差距的金融企业和面向消费者的企业，可能起初未能分析所有供应商和商业伙伴。但是，企业应该系统地努力了解自身商业关系的完整情况。所收集商业伙伴的信息范围取决于风险的严重程度以及企业与已识别风险关联的紧密程度。

2.2. 评估环境、社会与人权不利影响[77]，这些不利影响是由企业及其商业伙伴的运营、过程、商品和服务在整个生命周期中产生。

这些评估应该识别供应链中实际和潜在的全部不利影响，由企业造成或促成，或者由于商业关系与企业的运营、产品或服务有直接关系。评估应该涵盖环境、社会与人权影响。国内法律可能要求并监管评估。评估的范围和频次应该反映风险的严重程度和商业伙伴管理风险的绩效。评估可用于公开，也可以更加实用和前瞻的方式解决特定风险、加强供应商对话，并改善供应商绩效。

附件 A（1.3 小节）借鉴现有标准，提供这些评估应该包括的阶段和影响的详细信息。此外，这些评估应该识别：[78]

- 相关权利人和利益相关方，尤其是女性，可能受运营的持续影响；[79]

- 冒险不开展适当尽责调查的商业伙伴；

- 框 3.1 中描述的"危险信号"。在这些情况下，可能需要开展增强型尽责调查，可以包括实地验证危险地点、产品或商业伙伴的定性情况；

- 在运营实际情况和企业的负责任商业行为政策之间存在的合理不一致。

框 3.1. 需要开展增强型尽责调查的情况示例：危险信号

- 危险地点 – 计划运营的地区或农产品来源地区：

  - 受冲突影响，或者被视为高风险区域；[1]

  - 被视为治理薄弱的地区；[2]

  - 国家政府或地方政府不遵守国际上达成一致的负责任商业行为标准，或不为企业确保遵守这些标准提供支持，比如通过计划地方社区拥有合法权属权利但尚未与地方社区磋商，或者位于保护区内的农业用地；

  - 已经报告侵犯人权或劳工权利；

  - 权属权利定义不明确或辩驳理由不充分；

  - 社区面临粮食不安全或水短缺；

  - 受环境恶化影响或界定为保护区。

- 危险产品

  - 在某些情况下，已知农产品生产会造成环境、社会或人权不利影响；

  - 农业食品不符合健康与食品安全标准。

- 危险商业伙伴

  - 已知商业伙伴不遵守本《指南》中包含的标准；

  - 已知商业伙伴在过去 **12** 个月内从危险地点采购农产品；

  - 商业伙伴拥有股东或其他利益的企业不遵守本《指南》中包含的标准，或者供应来自危险地点的农产品或在危险地点运营。

1. 存在武装冲突、大规模暴力或其他对人们造成伤害风险的区域为受冲突影响和高风险区域。武装冲突可以采用不同形式，比如国际或非国际冲突，可能涉及两个或两个以上的国家，或者可能由解放战争或叛乱、内战等组成。高风险区域可包括政局不稳定或镇压、制度薄弱、不安全、民用基础设施崩溃与大规模暴力。这些区域的特征是通常存在大规模侵犯人权和违反国家法律或国际法（经合组织，2013）。

2. 这可以包括根据世界银行全球治理指标或透明国际腐败感知指数绩效不佳的地区。这还可以包括尚未承诺或开始实施《联合国反腐败公约》条款的国家。

来源：经合组织工作人员。

几种评估能帮助识别危险信号。背景风险评估通过评估监管框架、政治背景、公民自由和社会经济环境，将采购区域和国家分为高、中、低风险的特定风险地区。场地层面的风险评估旨在了解商业伙伴运营的真实情况，从而评估场地层面发生风险的范围、严重程度和可能性。评估应该构成新商业伙伴资格预审过程的基础。标准的风险评估应该用于在低风险环境中运营的商业伙伴。增强型风险评估应该用于所有在中高风险环境中运营的商业伙伴。评估可以包括开展利益相关方磋商、诸如民间组织等第三方监测、组织对农场和/或加工设施的走访。

风险评估应该是一个持续的过程，为了随着时间的推移了解风险的真实情况，考虑不断变化的情况。以下情况应该触发新的风险评估：从新市场采购、商业伙伴的运营环境发生变化（比如政府的变化）、供应商开始从中高风险地区采购、开始新的商业关系、商业伙伴所有权发生变更、开发新产品、商业模式发生变化。

风险评估取决于企业的类型：

- 农场企业可建立实地评估小组，用于生成和分享有关农业生产定性情况的可验证、可靠和最新的信息。这些企业需要确保尊重合法的土地权属权利人，包括与地方社区开展真诚、有效和有意义的磋商。如果涉及畜牧生产，企业应该支持运营中的动物福利。企业应该将风险评估的结果提供给下游企业；

- 下游企业不仅应该识别自身运营中的风险，而且应该尽力评估供应商面临的风险。下游企业可以评估供应商开展的尽责调查，或者直接评估供应商的运营，例如通过开展农场走访，评估供应商的风险。参与行业计划，评估商业伙伴对负责任商业行为标准的符合性，并提供相关信息，可以支持上述评估。

- 金融企业可能拥有成百上千个客户。对于每个客户都开展风险评估并非总是可行。根据《经合组织准则》，所有企业须识别不利影响的风险最显著的一般性领域，并相应地确定尽责调查的优先级。金融机构合适的尽责调查责任范围取决于运营、产品和服务的性质。[80]

第 3 步：设计并实施策略，回应已识别的风险

3.1. 将风险评估的结果报告给指定的高级管理人员

3.2. 采纳风险评估计划

风险评估计划可包括附件 A 中建议的风险减轻和预防措施。计划可建议不同的情景，取决于企业与不利影响之间关系的紧密程度（更多详情，参见框 1.2）：

- 企业如果正在造成不利影响，应该为实际不利影响提供补救[81]，并防范潜在不利影响。这可能要求暂停运营，同时开展可测量的工作，防范未来发生不利影响，或者如果这些影响不能减轻，则永久停止运营。

- 企业如果正在促成不利影响，应该停止促成不利影响，并利用自身的力量减轻残余的不利影响。这可能需要暂停运营。企业还应该采取预防措施，确保这些不利影响不会再次发生。

- 如果企业未促成不利影响，但是影响由于商业关系与企业的运营、产品或服务有直接关系时，企业应该利用自身的力量，减轻或防范不利影响。减轻风险的努力失败之后，或者减轻风险被视为不可行或不可接受时，这会导致解除与商业伙伴的关系。用于确定合适回应的因素包括：不利影响的严重程度和可能性、企业影响商业伙伴或其他相关参与方（比如政府）和/或确立对其影响力的能力，以及商业伙伴对企业的重要程度。

所有类型的企业均可能直接造成、促成不利影响或与不利影响有直接关系。以下例子表明，这在实践中可能要求：

- *造成：* 三类企业，农场企业、下游企业和金融企业，会直接造成不利影响。但是，有些不利影响可能仅由农场企业直接造成，以及在较小的程度上由下游企业造成，比如对土地权属权利和动物福利的影响。如果风险评估发现农场企业侵犯合法权利人的土地权利，企业应该为这些影响提供补救，例如将土地归还给合法权利人，或确保合法权利人获得公平、及时的赔偿。

- *促成：* 一家大型食品零售商如果要求草莓等季节性新鲜农产品的交货时间紧，可能导致供应商突然间增加员工数量以满足需求，由此产生对临时外来工人的滥用。因此，食品零售商应该通过减少对供应商的压力，或者提高采购价格等方式，考虑供应商的现金流限制，停止促成上述不利影响。

- *有直接关系：* 养老基金可投资于投资基金，投资基金反过来投资于依赖童工从事诸如香草收获等劳动最密集型任务的农场。由此，养老基金与人权不利影响有直接关系。养老基金应该利用自身的力量防范或减轻不利影响。例如，如果童工在农场层面未得到解决，养老基金表达其脱离投资基金的意愿。

3.3. **实施风险管理计划**，监测并跟踪减轻风险工作的绩效，并报告给指定的高级管理人员。这要求与受影响的利益相关方开展磋商，包括工人与工人代表以及商业伙伴，阐明关切并就减轻风险的策略达成一致。

第 4 步：验证供应链尽责调查

企业应该采取措施，验证其尽责调查实践有效，即已经合理地识别与减轻或防范风险。出现两种情景：

- 如果已经减轻或防范风险，企业应该开展与风险相称的持续尽责调查；

- 如果尚未减轻或防范风险，验证过程应该识别其中的原因，比如缺乏有效的风险减轻策略，或者时间、资源不足，或者缺乏减轻风险的意愿。应该开展新的风险评估。

验证过程应该：

- 确保女性的意见得到充分代表；

- 与风险相称；

- 提出改进尽责调查实践的建议；

- 考虑不同企业的能力，因为这些过程的费用可能会非常昂贵。可以通过针对小企业的廉价机制，比如地方驱动的社会责任倡议，评估尽责调查。[82]

验证过程可以包括审核、现场调查，与政府部门、民间社会、受影响社区的成员，以及地方、国家和国际层面的工人组织开展的磋商。审核的独立性和质量对于审核的有效性至关重要。[83]审核员应该独立、称职、问责。企业可考虑将审核纳入独立的制度化机制，负责认可审核员、验证审核、发布审核报告、实施模块以建设供应商开展尽责调查的能力，并帮助对相关各方提出的申诉采取后续行动。

在供应链的合适位置开展基于通用标准的互补和相辅相成的验证过程能够有助于避免评估疲劳，提高效率。[84]例如，审核员可能认可其他独立第三方审核的结论。企业可能希望关注"瓶颈"，即一小群利益相关方在供应链中运营的位置——与其相反的是供应链中的每家企业接受评估。企业可以考虑以下因素，识别瓶颈：

i) 供应链中物质转化的关键位置，比如加工或包装；

ii) 在供应链的某个位置，参与方的数量：审核可关注供应链的一些位置，在这些位置上，运营的参与方相对较少或者大部分农业食品聚集；

iii) 下游企业影响力最大的位置；

iv) 在这些位置上，计划或审核项目已经存在，影响这些系统，并避免重复。

例如，埃塞俄比亚咖啡供应链中可能出现的瓶颈是埃塞俄比亚商品交易所，那里贸易商为数不多，出售由大量小型生产商生产的咖啡（上述第二种情况）。在更加分化的咖啡供应链中，瓶颈可以是加工厂、批发商或出口商。应该在整个供应链中彻底开展尽责调查，而不应仅关注这些瓶颈。

第 5 步：报告供应链尽责调查

企业应该公开报告供应链尽责调查政策与实践，并适当考虑商业保密和其他竞争性关切。企业应该向受影响的利益供应方和商业伙伴提供明确、准确和及时的信息，内容有关通过持续影响评估识别的实际和潜在不利影响，以及为减轻或防范影响而采取的步骤和措施。报告还可以包括有关企业管理体系和尽责调查实践验证报告的信息。报告一旦发布，所有相关利益相关方应该均可获取。

除了公开和正式报告之外，沟通可以采用各种不同的形式，包括面对面的会议、在线对话、以及与受影响利益相关方的磋商。沟通需要在形式、频次、可及性和所提供信息的合理性方面与影响和受众相称。

注释

1. 脚注使用罗马数字，尾注使用阿拉伯数字。文本框中文本的出处则在文本框底部标注。

2. 联合国粮食及农业组织章程》中农业的定义包括渔业和林业，而本《指南》主要关注农作物和牲畜。

3. 负责任商业行为意味着企业应该：a）积极促进经济发展、环境保护和社会进步，以期实现可持续发展；以及 b）通过自身活动，避免、消除不利影响，并防范或减轻由于业务关系与企业的运营、产品或服务直接关联的不利影响。

4. 在本《指南》中，标准是指包括公约、宣言、原则和准则在内的各种不同文件中所含的建议。

5. 2015 年世界经济论坛报告《超越供应链——赋权负责任供应链》强调，随着市场的不断变化，可持续性工作的重要性与日俱增，遵守负责任商业行为标准能够让企业受益。客户对可持续性变得更加敏感。尤其是年轻客户，需要可持续产品和实践，并愿意为此支付更多费用。自然资源日益稀缺，商品价格不断上涨，使资源效率与减少废物成为企业赢利的关键变量。监管环境和非政府组织正在推动实现更高透明度，提高违规成本，导致市场的强烈抵制。

6. "商业伙伴"的定义，参见下文尽责调查的定义。

7. 更详细的描述，参见"目标用户"部分。

8. 对《经合组织准则》的描述，参见"范围"部分。

9. 国家联络点的更多详情，参见框 1.1。

10 《经合组织准则》构成《国际投资与跨国企业宣言》不可或缺的组成部分。

11. 有关本《指南》制定过程中顾问小组组成和职责的更多详情，参见"过程"部分。

12. 其他信息，参见：*http://mneguidelines.oecd.org/rbc-agriculture-supply-chains.htm*。

13. 《经合组织准则》尽管未提供跨国企业的精确定义，但却表明，跨国企业通常由设在多个国家的公司或其他实体组成（《经合组织准则》，一.4）。《农业和粮食系统负责任投资原则》针对的目标是"工商企业，包括农民"（50-52 段）。

14. 多利益相关方顾问小组的职权范围界定其目标、任务和组织架构，于 2013 年 6 月得到经合组织负责任商业行为工作组的批准，2013 年 7 月得到经合组织农业政策与市场工作组的批准。

15. 具体例子，参见：博茨瓦纳农业食品价值链项目；2013 年联合国粮农组织开展的牛肉价值链研究；2011 年密歇根州立大学对肯尼亚玉米营销系统开展的农场大门到消费者价值链分析；2010 年德国国际合作机构对加纳的腰果行业开展的价值链分析；或者 2012 年联合国工业发展组织对卢旺达精油价值链的诊断结论。

16. 订单农业是基于买家和生产商之间达成的协议开展的生产。订单农业涵盖各类合同，根据承包商类别、产品类型、农民和投资者之间的协调力度，以及涉及的利益相关方数量而有所不同。更多信息，参见：www.fao.org/ag/ags/contract-farming/faq/en/#c100440。

17. 更多详情，参见《经济合作与发展组织关于来自受冲突影响和高风险区域的矿石的负责任供应链尽责调查指南》，2011 年。

18. 借鉴《经合组织准则》二.15。

19. 《经合组织准则》二.A.10。

20. 《经合组织准则》，二.16。

21. 这种项目包括：可持续棕榈油生产原则和标准，认证棕榈油生产商、加工商或贸易商，以及参与棕榈油供应链的制造商、零售商、银行和投资者；认证生物燃料运营商的可持续生物燃料圆桌会议标准；认证大豆种植者和大豆种植者团体的负责任大豆生产原则和标准；针对甘蔗生产商的更优甘蔗倡议（Bonsucro）标准；以及针对机构资产所有者和管理人员的"负责任农田投资原则"。监测平台，比如 Sedex，也能帮助监测供应商的绩效。

22. 2011 年 5 月 25 日，经合组织部长级理事会通过了《经济合作与发展组织关于来自受冲突影响和高风险区域的矿石的负责任供应链尽责调查指南的建议》，并随后于 2012 年 7 月 17 日对其进行修订，将有关黄金的增补文件纳入其中。

23. 企业政策示例的目的并非替代现有标准。因此，企业在声称遵守这些标准之前，应该直接参考每项标准。文件中对标准的引用在最后一次引用后一并注明，而不是在每次引用后注明。这些引用旨在帮助企业参考本《指南》中考虑的标准中的初始文本，以获取此类标准内容的更多详细信息。

24. 《经合组织准则》，二.10 和六.3；农业和粮食系统负责任投资原则 10；《国家粮食安全范围内土地、渔业及森林权属负责任治理自愿准则》，12.10；《联合国指导原则》，第 17 段；《生物多样性公约》，第 14 条；阿格维古准则；《国际金融公司绩效标准 1》，第 5 段和第 8-10 段。

25. 《经合组织准则》，三.1-3、六 2.a 和八.2；农业和粮食系统负责任投资原则 9.ii 和 10；《联合国指导原则》，第 21 段；《国际金融公司绩效标准 1》，第 29 段；《奥尔胡斯公约》，第 5 条。参见下文附件 A，1.1 和 1.3。有关与受影响利益相关方分享重要信息的具体指南可以参见《经合组织采掘行业有意义的利益相关方参与尽责调查指南》。

26. 《经合组织准则》，八.2。

27. 《经合组织准则》，二.14 和六.2.b；农业和粮食系统负责任投资原则 9.iii-iv；《国家粮食安全范围内土地、渔业及森林权属负责任治理自愿准则》，9.9 和 12.11；《联合国指导原则》，第 18 段；尊重权利、生计和资源的负责任农业投资原则 1 和 4；阿格维古准则，11、13-17 和 57；《国际金融公司绩效标准 1》，第 26-27 段和第 30-33 段。也可参见《国际劳工组织土著和部落民族公约》，1989 年（第 169 号）。参见下文附件 A，1.2。有关利益相关方参与的进一步指导，可参见《经合组织采掘行业有意义的利益相关方参与尽责调查指南》。

28. 有关与土著居民的合作和自由、事先和知情同意（FPIC）的更多指导，参见见附件 B。

29. 如引言部分所强调，本《指南》由经合组织与联合国粮农组织合作制定，除了《经合组织准则》以外，还考虑了几项标准，尤其是《农业和粮食系统负责任投资原则》，包括参考了《经合组织准则》中未提及的自由、事先和知情同意。本段引用农业和粮食系统负责任投资原则 9.iv。也可参见《国际金融公司绩效标准 7》，第 12-17 段；阿格维古准则，29 和 60；《国家粮食安全范围内土地、渔业及森林权属负责任治理自愿准则》，3B.6、9.9 和 12.7；《联合国土著人民权利宣言》，第 10、11 和 32 条；和《国际劳工组织土著和部落民族公约》（第 169 号），第 16 条。

30. 《经合组织准则》，二.A.1；农业和粮食系统负责任投资原则 2.iv、v 和 vii；《国家粮食安全范围内土地、渔业及森林权属负责任治理自愿准则》，12.4；阿格维古准则，40。

31. 农业和粮食系统负责任投资原则 2.iv-vii 和 7.i & iii；《国家粮食安全范围内土地、渔业及森林权属负责任治理自愿准则》，12.6；尊重权利、生计和资源的负责任农业投资原则 5-6；阿格维古准则，46；《国际金融公司绩效标准 7》，第 14 段和第 17-20 段；《绩效标准 8》，第 16 段。也可参见《生物多样性公约》第 8(j)条；《名古屋议定书》，第 5-7 条；《粮食和农业植物遗传资源国际条约》，第 9.2 条。收益可以是货币收益和非货币收益：参见《名古屋议定书》的附件。更多详情，也可参见附件 A，1.4。

32. 《经合组织准则》，四，第 46 段和八.3；农业和粮食系统负责任投资原则 9.v；《国家粮食安全范围内土地、渔业及森林权属负责任治理自愿准则》，3.2、12.14、25.1 和 25.3；《联合国指导原则》，31；尊重权利、生计和资源的负责任农业投资原则 1；阿格维古准则，63；《国际劳工组织关于多国企业宣言》，58-59；《国际金融公司绩效标准 1》，第 35 段；以及《国际金融公司绩效标准 5》，第 11 段。参见附件 A，1.5。《经合组织采掘行业有意义的利益相关方参与尽责调查指南》提供有关申诉机制的更多指导。

33. 《农业和粮食系统负责任投资原则 3》；《消除对妇女一切形式歧视公约》（CEDAW）。

34. 有关国际上认可人权的更多详情，可以参见《经合组织准则》，六.39。

35. 《经合组织准则》，二.A.2 与四；农业和粮食系统负责任投资原则 1、9.iv 和 10，以及第 3、19i、47v、50 和 51 段；《联合国指导原则》，第 11 段。参见附件 A，2。

36. 《经合组织准则》，四.1 和 2。

37. 《经合组织准则》，四.3；《国家粮食安全范围内土地、渔业及森林权属负责任治理自愿准则》，3.2；尊重权利、生计和资源的负责任农业投资原则 1；阿格维古准则，57；联合国全球契约原则 1-2。

38. 《经合组织准则》，四.5；《联合国指导原则》，17。

39. 《经合组织准则》，四.6；《联合国指导原则》，22。

40. 《世界人权宣言》，第 2 条；农业和粮食系统负责任投资原则 3.ii。如附件 A 中所强调，《经合组织准则》（五.1.e）指出，企业应该"在经营过程中始终奉行就业机会和待遇平等原则，不因种族、肤色、性别、宗教、政见、国家出生、社会出生或其他状况，在就业和待遇方面对雇员实施歧视"。评注 54 明确提出，为《准则》的目的，"其他状况"一词系指工会活动和个人特点，例如年龄、残疾、怀孕、婚姻状况、性取向或艾滋病毒感染状况。

41. 《经合组织准则》，五.1-3；农业和粮食系统负责任投资原则 2.i-ii；《国际劳工组织关于多国企业宣言》，第 8 段；《联合国指导原则》，第 12 项原则；《国际金融公司绩效标准 2》：儿童权利与商业原则 2。所有国际劳工组织成员无论批准了哪一项国际劳工组织公约，都必须遵守这些核心劳工标准，它们构成了《国际劳工组织关于工作中基本原则和权利宣言》的四大基本原则。

42. 《经合组织准则》，五.4.b 和五.4.c；农业和粮食系统负责任投资原则 2.iii；《国际劳工组织关于多国企业宣言》，37-40；《国际金融公司绩效标准 2》，第 10、23、25、28-29 段；儿童权利与商业原则 3 和 4。

43. 《国际劳工组织关于多国企业宣言》，16 和 25-28。有关体面工作条件的更多详情，参见附件 A，3。

44. 《国际劳工组织第 198 号建议书》，第 7.a 条；《国际金融公司绩效标准 2》，第 11 段。

45. 农业和粮食系统负责任投资原则 3.iv。

46. 《世界人权宣言》，第 23 条。

47. 《经合组织准则》，二. A.4；《国际劳工组织关于多国企业宣言》，第 16 段和第 19 段；农业和粮食系统负责任投资原则 2.iii。

48. 农业和粮食系统负责任投资原则 2.iii 和 4.ii；《国际劳工组织关于多国企业宣言》，30-32。

49. 《国际劳工组织保护生育公约》，2000 年（第 183 号）；《消除对妇女一切形式歧视公约》，第 11（2）条。

50. 农业和粮食系统负责任投资原则 8.iv。

51. 《经合组织准则》，八.1、6-7；农业和粮食系统负责任投资原则 2.viii 和 8.i、iii 及 iv；尊重权利、生计和资源的负责任农业投资原则 5.2.1。

52. 阿格维古准则，50；《国际金融公司绩效标准 4》。

53. 农业和粮食系统负责任投资原则 1 和 8.i；《国家粮食安全范围内土地、渔业及森林权属负责任治理自愿准则》，12.1、12.4 和 12.12；尊重权利、生计和资源的负责任农业投资原则 2.2。参见附件 A，5。粮食安全的四大要素，即粮食的可得性、可及性、稳定性和利用，反映在 1996 年《世界粮食首脑会议行动计划》之中，该《行动计划》得到 112 位国家元首或副元首和政府首脑或副首脑批准，他们承诺"执行旨在消除贫困和不平等并增加所有人在任何时候都能在物质上和经济上获得足够、营养充分和安全的粮食及有效利用这些粮食的政策；在高潜力和低潜力地区推行对家庭、国家、区域和全球各级获得充足和可靠的粮食供应不可缺少的参与性和可持续粮食、农业、渔业、林业及乡村发展的政策和做法。"

54. 《国家粮食安全范围内土地、渔业及森林权属负责任治理自愿准则》，4.4 将合法权属权利界定为："遵照本《准则》的磋商和参与原则，各国应按照广为宣传的规则，明确界定哪些类别的权属被视为合法。"

55. 　《国家粮食安全范围内土地、渔业及森林权属负责任治理自愿准则》，2.4、3.2、9.1、11.4 和 12.3；农业和粮食系统负责任投资原则 5 和 9.ii，以及第 51 段；《联合国负责任合同原则》，附加于《联合国指导原则》，得到联合国人权理事会的支持，原则 10。

56. 　《国家粮食安全范围内土地、渔业及森林权属负责任治理自愿准则》，9.1、12.4、16.1 和 16.3；《国际金融公司绩效标准 5》，第 2 段和第 8 段，以及《标准 7》，第 15 段；儿童权利与商业原则 7。"及时、足额和有效赔偿"的说法被视为针对此类所欠赔偿的国际习惯法，从而实现合法征用。参见下文附件 A，6。注意，本《指南》中提及的标准符合对大型食品饮料企业最近造成的合法权属权利土地置换零容忍的承诺。

57. 　《国家粮食安全范围内土地、渔业及森林权属负责任治理自愿准则》，16.1 和 16.3；尊重权利、生计和资源的负责任农业投资原则 6.2.1；《国际金融公司绩效标准 5》，第 9-10 段、第 12 段、第 19 段、第 27-28 段，《绩效标准 7》，第 9 段和第 14 段。根据《国际金融公司绩效标准 7》，第 14 段，在可行的情况下，应提供基于土地的补偿来代替现金补偿，应确保继续获取自然资源，确认相当的替代资源。作为最后选择，应该提供现金补偿或找到替代生计。

58. 　农业和粮食系统负责任投资原则 8.ii。参见附件 A，7。

59. 　世界动物卫生组织制定的基本原则。获取有关农场动物福利委员会五大自由的更多信息，参见以下网址：*www.fawc.org.uk/freedoms.htm*。

60. 　有关农场动物福利的英国法规 2000（法律文件 2000 第 1870 号）和法规 3（1）。

61. 　《经合组织准则》 六.1；农业和粮食系统负责任投资原则 10；《国家粮食安全范围内土地、渔业及森林权属负责任治理自愿准则》，4.3、11.2、12.6 和 12.10；尊重权利、生计和资源的负责任农业投资原则 7；《国际金融公司绩效标准 1.1》。

62. 　有毒物质清单，可参见：世界卫生组织危险农用化学品清单；世界卫生组织建议按照危险等级 Ia（极度危险）或 Ib（高度危险）对农药的分类；2004 年《关于持久性有机污染物的斯德哥尔摩公约》；2004 年《关于在国际贸易中对某些危险化学品和农药采用事先知情同意程序的鹿特丹公约》；1992 年《控制危险废物越境转移及其处置巴塞尔公约》；1999 年《关于消耗臭氧层物质的蒙特利尔议定书》；以及农药"现在替代（SIN）"清单。

63. 　尽管通过政府间过程获得批准的大部分文件都涉及"资源利用效率"，但《国际金融公司绩效标准 3》中有关水资源消耗的第 9 段更进一步，要求企业"采取措施来避免或减少耗水量"。

64. 　《国际金融公司绩效标准 6》，第 20 段，将法定保护区界定为符合世界自然保护联盟（IUCN）定义的法定保护区："一个由法律或其它有效途径明确界定的、经过认可的、专用的、有管理的地理区域，其目的是长期保护自然及相关的生态系统服务和文化价值。"这包括政府为此目的所制定的地区。

65. 　《经合组织准则》，六.6；农业和粮食系统负责任投资原则 1.i 和 6；尊重权利、生计和资源的负责任农业投资原则 7；《国际金融公司绩效标准 3》和《标准 6》；《生物多样性公约》，1975 年《濒危野生动植物物种国际贸易公约》（CITES）。也可参见附件 A，8。

66. 　《经合组织准则》二.A.5 和 7、二.A.15 和七；农业和粮食系统负责任投资原则 9.i；《国家粮食安全范围内土地、渔业及森林权属负责任治理自愿准则》，6.9、9.12 和 16.6；联合国全球契约原则 10。参见附件 A，9.1。2003 年，《打击洗钱和恐怖、扩散融资国际标准》由金融行动特别工作组制定，并获得 180 个国家批准，也与金融机构相关。预防措施，包括客户尽责调查和记录保存以及针对特定客户与活动的额外措施对于打击腐败尤为有用。

67.　《经合组织准则》，十一.1-2。参见附件 A，9.2。

68.　《经合组织准则》，十.2-3。参见附件 A，9.3。

69.　《经合组织公司治理原则》于 1999 年 5 月首次发布，并于 2004 年和 2015 年两次修订，是金融稳定委员会旨在实现国际金融稳定的 12 项主要标准之一，构成世界银行集团《关于遵守标准和守则的报告》中公司治理部分内容的基础。2015 年 7 月 8 日，经合组织理事会通过《公司治理原则委员会的建议》，含修订后的原则：http://www.oecd.org/corporate/principles-corporate-governance.htm。

70.　《经合组织准则》，九；农业和粮食系统负责任投资原则 7，iv；《国际劳工组织关于多国企业宣言》，19；《生物多样性公约》，第 16 条；联合国全球契约原则 9。

71.　《国际金融公司绩效标准 6》，第 26 段。

72.　《经合组织准则》，四，评注 44；《联合国指导原则》，第 16 段。

73　国际食品法典委员会将可追溯性界定为追踪食品在生产、加工与分销特定阶段转移的能力。

74.　"物料平衡可追溯性"控制进入供应链的经评估和认证材料的准确数量。离开供应链的相同数量产品可以出售或接受认证。经认证与未经认证的成分可以混合。"物理隔离可追溯性"通过供应链识别并追溯经认证的材料与产品。"产销监管链"是指显示实物产品扣押、监管、控制、转移、分析和处置的按时间顺序排列的文档或书面记录。

75.　有关这方面的更多信息可参见附件 A，1.3。

76.　获取更多信息，可参见：附件 A，第 1.5 部分；国际金融公司，2009；和《经合组织采掘行业有意义的利益相关方参与尽责调查指南》。

77.　如《国际可持续发展研究院投资合同谈判指南》（国际可持续发展研究院，2014）中详述，现在各个经济部门的项目中都切实开展环境影响评价。截至 20 世纪 90 年代中期，约 110 个发展中国家中，大约三分之二已经颁布某种形式的环境影响评价法律。社会影响评价不太常见，但日益成为环境影响评价过程与实践的组成部分。社会影响评价缺乏普遍赞同的原则，但是国际影响评价协会已经发布了一套连贯的准则。其他形式的评价包括融合社会、经济与环境视角的可持续性评价或者累计影响评价。同时开展环境影响评价和社会影响评价的做法日益增加。影响评价也可以涵盖对动物福利的影响。

78.　风险分析工具，比如由世界自然基金会（WWF）开发的工具，能够帮助识别风险。这些工具包括供应风险分析工具（*www.supplyrisk.org*）和水风险过滤器（*http://waterriskfilter.panda.org*）。

79.　更多信息可参见附件 A，2 和 6。

80.　例如，金融服务主要用于确立客户"一般性绩效"（比如一般公司贷款或融资）的所有权，资助或支持"一般性绩效"，还是仅针对客户的"具体绩效"（比如项目融资）可能超越《经合组织准则》建议的尽责调查过程的范围。在前一种情况下，金融机构可能有望回应与客户活动相关的所有不利影响。在后一种情况下，金融机构有望仅回应自身资助或支持的活动产生的影响。

81. 根据联合国人权事务高级专员办事处《企业尊重人权的责任：解释性指南》，补救不仅是为不利影响提供补救的过程，而且其实质性成果能够抵消或补偿不利影响。这些成果可能形式各异，比如道歉、补偿、修复、经济赔偿或非经济赔偿、惩罚性制裁（刑事或民事，比如罚款），以及例如通过禁令或保证不重犯，预防伤害。

82. 南非可持续性倡议（SIZA）项目提供了地方社会责任合规方案的良好实例。该道德贸易项目由地方种植者协会制定。项目根据国内法律、"全球社会责任合规方案"的参考规范和参考审核过程及方法，国际劳工组织的各项公约，为南非生产商创建了一套统一的标准。主要零售商与地方组织合作开展能力建设。通过为地方同行赋权，零售商希望确保自身对南非农业供应链社会绩效的投资是可持续的。

83. 拉纳广场灾难发生之后，法国国家联络点强调在以下报告中开展独立、高质量审核的重要性：根据外贸部长尼科尔·布里克的推荐，纺织服装行业实施《经合组织准则》的国家联络报告，第57-58 页上的第 6 项建议，2013 年 12 月 2 日，参见：*www.tresor.economie.gouv.fr/File/398811*。

84. 例如，SGS 已经制定了"全球社会责任合规方案"，以降低审核疲劳。

参考文献

联合国粮农组织（2014），《家庭农业创新》，《粮食及农业状况》，粮农组织，罗马。

联合国粮农组织（2012），《投资农业，创造更加美好的未来》，《粮食及农业状况》，粮农组织，罗马。

国际可持续发展研究院（2014），《农田和水资源投资合同谈判指南》，国际可持续发展研究院，曼尼托巴。

经合组织/联合国粮农组织（2015），《经合组织-粮农组织 2015 年农业展望》，经合组织出版，巴黎，*http://dx.doi.org/10.1787/agr_outlook-2015-en*。

经合组织（2014），《金融行业尽责调查：由于商业关系而与运营、产品或服务直接相关的不利影响》，经合组织秘书处的说明，巴黎，*http://mneguidelines.oecd.org/globalforumonresponsiblebusinessconduct/GFRBC-2014-financial-sector-document-1.pdf*。

经合组织（2013），《经济合作与发展组织关于来自受冲突影响和高风险区域的矿石的负责任供应链尽责调查指南》（第二版），经合组织出版，巴黎，*http://dx.doi.org/10.1787/9789264185050-en*。

附件 **A.** 农业供应链中风险减轻与预防措施

本附件列举出农业供应链中出现不利影响的风险，提出减轻和预防风险的措施，并与企业政策示例借鉴相同标准。建议的措施之间可以相互补充。例如，尊重劳工权利，包括提供体面的工资和良好的工作条件，能够支持获得足够食物，并帮助实现能够达到的最高标准的身心健康。建议措施的实施应根据每家企业在供应链中的地位和参与类型、运营环境和位置、以及企业规模和能力进行相应的修改。

1. 跨领域负责任商业行为标准

1.1 *信息公开*

风险

缺乏透明度会导致不信任，使企业失去在次要问题升级成大规模矛盾前将其解决的可能性；同时，最大限度的信息共享可以降低所有利益相关方的交易成本（联合国粮农组织，2010）。除非信息以一种语言和文化上都适当、可衡量、可验证的方式被及时提供，包括通过定期磋商会议和借用大众媒体的力量，否则企业将承担不被潜在受影响利益相关方完全理解或不能联系上所有相关方的风险（国际金融公司，2012）。如果在信息透明与公开方面缺乏清晰可实施的法律，则需要展开增强的尽责调查（经合组织，2006）。

降低风险的措施

- 在不危及企业受益所有人具有竞争性的地位或职责的情况下，为公众提供及时、准确的信息，包括：

    - 运营的目的、性质与规模；

    - 租赁协议和/或合同及其条款；

    - 企业的活动、结构、所有权与管理方式；

    - 企业的财务状况与财务绩效

    - 负责任商业行为政策与实施过程，包括利益相关方参与过程和申诉与补救机制的可行性；

    - 环境、社会与人权影响评估，包括可预见的风险因素，比如企业运营对各利益相关方以及传统上由土著人民与当地社群使用或占据的圣地、土地和水资源的潜在环境、社会、人权、健康与安全影响；

- 产品的环境、社会与人权的管理计划与特征。[1]

● 传播信息，通过所有合适的通告方式（印刷、电子与社交媒体，包括报纸、广播、电视、邮件、本地会议等），同时应考虑偏远或偏僻地区以及社群中大部分人口是文盲的情况，确保使用受影响社区的语言进行上述通告和磋商；[2]

● 在人类健康或环境面临迫在眉睫威胁的情况下，毫不迟延地立即分享一切能够帮助当局和公众防范或减轻上述威胁造成的损害的措施的信息；[3]

● 适当调整信息公开制度使其适应公司运营的性质、规模和项目所在地的情况，并且适当顾及到成本、商业机密和其他竞争方面的考虑。[4]

1.2 磋商

风险

与可能受项目运营影响的利益相关方缺乏磋商，使企业不能真实地评估项目可行性、识别有效且符合特定情况的应对措施。包容和完全透明的磋商能够降低交易成本、减少反对意见，并在利益相关方中建立信任。

降低风险的措施

● 制定并实施利益相关方参与计划，该计划应根据项目运营的风险和影响及发展阶段，并根据受影响社区的特点和利益制定。在条件适用的情况下，这个计划应该包括区别对待的措施，以保证那些被认为处于不利或弱势地位的利益相关方也能有效地参与；[5]

● 与潜在受影响的社区尽早开展真诚、有效和有意义的磋商，适当考虑附件 B 中引用的国际标准。对项目运营进行改动时，也应该开展这种磋商；[6]

● 在决策之前，在不受恐吓的情况下与信任的氛围中，组织磋商与决策过程，在考虑不同当事方之间现有的力量不平衡的情况下回应各种意见；[7]

● 必要的情况下，尽力向受影响的社区提供技术和法律援助，使其与受影响社区的代表机构一起，并与这些社区合作，以非歧视的方式参与项目开发；

● 充分、公平地考虑各方在磋商期间表达的看法，在发布通告和就所提出的项目进行公众磋商之间留出充足的时间，使得受影响的社区有时间准备回应，并告知受影响的各方其关切的事务如何得到考量；[8]

● 记录并实施磋商达成的协议，包括制定合理记录社区相关意见和关注的程序。尽管首选书面陈述，但经社区同意，还可以对社区成员的意见进行录像或录音，或者以其他适当的方式记录；[9]

● 尽可能验证社区代表确实代表他们所代表的利益相关方的意见，并且证实可以信赖他们向其所代表的团体真实地传达磋商结果；

- 在开展影响评估时，建立包括弱势群体在内的社区参与的机制，使其能够参与设计和项目评估，识别可承担责任、补救、保险和赔偿的参与方，并建立审查与上诉过程。[10]

1.3 影响评估

风险

企业在整个生命周期内持续评估自身运营、过程、产品和服务的实际和潜在不利影响的风险，以避免这些影响，或者在不可避免的情况下减轻这些影响。这种评估能够让企业制定具有整体性和前瞻性的解决方案来应对管理风险，包括其商业伙伴在项目运营中产生的风险。[11]

降低风险的措施

- 影响评估包含以下几个阶段：

  1. 筛选，即确定应该对哪些建议开展影响评估，排除那些不可能产生不利影响的建议，并说明所需评估的水平；

  2. 确定范围，即界定影响评估的重点和研究的主要议题；

  3. 影响分析；

  4. 确立减轻措施，根据情况可酌情包括：不继续开展运营；为避免不利影响找到替代方案；将防护措施融入运营设计；或者为不利影响提供货币和/或非货币赔偿。

- 在开展环境、社会与人权影响评估时，酌情涵盖以下可能产生的影响（可以涵盖的不仅是不利影响，而且还有积极影响，从而提升积极影响）：

  - 环境影响，比如对土壤、水、空气、森林和生物多样性的影响；[12]

  - 社会影响，可能影响受影响社区的福祉、生计和活力，包括以收入分配、人身安全与社会诚信以及个人与社区的保护、就业层次与机会、健康与福利、教育，以及住房和住宿的可用性和标准、基础设施、服务等标准来衡量的生活品质；

  - 人权影响，可能影响比如受影响社区享有的经济、社会、文化、公民和政治权利；

  - 对受影响社区包括对文化遗产、生活方式、价值观、信仰体系、语言、习俗、经济、与地方环境和特定物种的关系、社会组织和传统的影响；

  - 对妇女的影响，适当考虑妇女作为食品提供者、生物多样性守护者和传统知识持有人的角色；[13]

  - 对动物福利的影响。

- 邀请受影响社区参与开展影响评估，向受影响社区征求信息，在影响评估的各个阶段向受影响社区定期提供反馈。[14]

- 当项目包含可能产生影响的物理元素、形式和设施时，在项目影响范围内评估风险和影响。[15]

1.4 收益分享

风险

为避免当地产生反对意见的风险、降低交易成本，企业应该探索各种方式，最大限度地增加自身运营对地方社区产生的积极影响。参与不同利益相关方之间就运营收益开展的磋商能够建立信任，帮助确保地方接受并在各当事方之间创建长期联盟，同时也能预防冲突。确保运营让这些利益相关方受益还可以推进识别可接受的运营位置，能够借鉴地方知识，以确保充分利用农业生态潜力（联合国粮农组织，2010；联合国，2009）。

收益分享独立于对不可避免的不利影响的补偿（可以是补偿加分享收益）；收益分享旨在认可其对运营的贡献的情况下使得企业和土著人民之间或地方社区之间建立起伙伴关系。在特定情况下，如果企业使用土著居民或地方社区的土地、资源或知识，土著居民或地方社区有权分享运营产生的收益。[16]这种收益可以是货币收益，也可以是非货币收益[17]，作为磋商过程的组成部分，在企业与相关社区之间达成协议。有关收益类型的决定取决于环境、社会与人权影响评估。[18]

但是，也存在与分享收益相关的风险。在谈判达成收益分享协议之后，收益其实未与整个社区分享，而被特定利益相关方团体获取，此时企业便面临与土著人民发生冲突的风险。收益分享可能与部分而非全部利益相关方达成一致，导致将某些社区排除在外。可以通过尽责调查过程中引导重要的利益相关方进行参与来降低这种风险。

降低风险的措施

- 努力识别机遇，以获得发展收益，比如通过：创建地方前向和后向联系，创造工作环境安全的本地工作；多样化的创收机会；能力建设；本地采购；技术转让；改善本地基础设施；为信贷与市场准入尤其是对于中小企业而言的准入创造更完善的渠道；环境服务付费；收入分配；或创立信托基金；[19]

- 确保运营符合东道国政府的优先发展重点和社会目标；[20]

- 在开展磋商和环境、社会与人权影响评估的基础上，分享涉及土著人民土地、资源和知识的运营产生的货币与非货币收益，其方式不会不公平地让特定群体获益，相反能够培养平等和可持续的社会发展。[21]

1.5 申诉机制

风险

运营层面的申诉机制设计成预警风险意识系统，在升级为包括司法法院在内的正式的争议解决机制之前，提供一种基于本地、简易、互惠互利的方式，解决企业与包括权属权利人在内受影响社区之间的议题，帮助快速、廉价、公平地解决较小争议（国际金融公司，2009）。申诉机制可以为企业提供有价值的反馈：作为更大问题的预警系统；收集提升公司运营或管理体系改进条件的个人建议；并说明可能做出的系统性变更，以确保特定申诉不再发生（国际金融公司与多边投资担保机构合规顾问申诉专员，2008）。

降低风险的措施

- 根据运营的风险和不利影响制定申诉机制，旨在采用文化上适当的、方便投诉者的、易于理解的、透明的磋商程序，迅速处理投诉的问题，而同时不应对提出问题的投诉方予以任何惩罚；[22]

- 就机制设计与绩效与**受影响利益相关方**开展合作，以确保：机制满足利益相关方的需求；利益相关方在实践中将会使用这一机制；对于确保机制取得成功，存在共同的利益；[23]

- 避免使用企业制定的申诉机制排斥求助于司法或非司法申诉机制的机会，包括《经合组织准则》提出的国家联络点，或者损害工会在解决劳资纠纷中的作用。[24]

此外，《联合国指导原则》（原则 31）中所含非司法申诉机制的有效性标准提供了重要的参考点：国家和非国家的非司法申诉机制应该符合表 A.1 中详述的标准才能有效。

表 A.1. 有效申诉机制的特征

合法	以得到其所面对的利益相关方团体的信任，并对申诉过程的公正性负责
可获得性	得到其所面对的所有利益相关方团体的了解，并向在获得信息时可能面临特殊壁垒者提供充分援助
可预测性	提供清晰和公开的程序，附带每一阶段的指示性时间框架，明确申诉类型、可能结果以及监测执行情况的方式
平等性	努力确保申诉方有合理的途径获得信息、咨询意见和专门知识，以便在公正、知情和受尊重的条件下参与申诉进程
透明度	随时向申诉各方通报进展情况，提供充分信息，说明该机制如何建立对其有效性的信任，并满足所有相关的公共利益
权利兼容	确保结果和补救措施与国际公认的人权相一致
有持续的学习来源	利用有关措施，汲取经验教训以改进该机制，同时预防今后的申诉和危害
立足参与和对话	就机制的设计和运作与其所面对的利益相关方团体磋商，侧重以对话为手段，处理和解决申诉

来源：《联合国指导原则》，原则 31。

2. 人权

风险

企业在自身活动的范围内造成或促成不利人权影响，并在发生不利影响时，未解决这些影响的，则冒不尊重人权的风险。企业应该预防或减轻由于商业关系而与企业的商业运营、产品或服务有直接关系的不利人权影响。[25]尊重人权的企业责任不依赖国家履行其人权义务的能力和/或意愿，也不会削弱这些义务。[26]如果国家法律制定不完善或执行不到位，企业应该在识别和解决不利人权影响时使用增强的尽责调查。

应该牢记，所有人权，包括经济、社会、文化、公民和政治权利，相互依赖。企业应定期审查自身与人权相关的责任，以定性了解自身是否未尊重人权，包括那些本《指南》中未明确阐述的人权。

降低风险的措施

- 识别受企业及其商业伙伴运营潜在影响的权利人。这一般要求对企业的实际或潜在运营和关系开展深入的事实调查审查，然后根据人权标准定性评估那些运营，以识别权利受影响的参与方。有必要与相关利益相关方主动开展磋商，以充分理解企业运营和关系的所有潜在不利影响；[27]

- 开展人权尽责调查，评估实际和潜在人权影响，[28]整合调查结果并根据调查结果采取行动，追踪回应，并沟通消除影响的方式。人权尽责调查是一项持续的工作，需认识到随着时间的推移，运营和运营环境演变，这时人权风险也将随之发生变化；[29]

- 确保所有涉及的利益相关方得到公平对待，尤其是弱势群体，比如妇女、未成年人和少数民族，需认识到他们各自的情况、限制条件和需求；[30]

- 承认妇女在农业中扮演至关重要的角色，并采取合适措施来消除对妇女的歧视，以及帮助确保其取得全面的职业发展与晋升，[31]包括通过推动平等获取和控制自然资源、物资、生产工具、咨询和金融服务、培训、市场和信息。[32]

3. 劳工权利

风险

企业能够通过提高生活标准以及创建具有吸引力的就业机会，为经济和社会福利做出贡献，并推动享受人权和劳工权利，从而能够为东道国和社会带来大量收益。除了确保自身工人的核心劳工标准，企业可以帮助改善非正式工人的工作条件，包括在自给自足的农场上。

《经济、社会、文化权利国际公约》（ICESCR）缔约各国承认人人有权享受公正和良好的工作条件（第七条），有权组织工会（第八条）。《公民权利和政治权利国际公约》也保护组建和加入工会的权利。国际劳工公约[33]还阐述工作相关权利。[34]尽管各项人权条约，比如《经济、社会、文化权利国际公约》和《公民权利和政治权利国际公约》，针对的是国家，但企业可能对享有条约中所含权利产生负面影响。因此，企业在支持逐步实现这些权利中起重要作用。尊重这些公约中所含的劳工权利，包括国际劳工组织的八项基本公约中的劳工权利，能帮助企业最大限度地降低负面影响，并最大限度地扩大积极影响。例如，与自由选择的工人代表开展诚恳的对话能让工人和雇主更好地理解对方的挑战，并找到解决这些挑战的方法（国际劳工组织，2006）。

但是，在农业部门尊重劳工权利可能是一项挑战，因为独立和有工资的就业通常是非正规就业，而且很多农业工人被排除在劳动法适用范围之外（联合国，2009）。5-17 周岁的童工中，60%在农业部门工作（国际劳工组织，2011a）。种植园工人的工作和生活条件也一直受到关注，尤其是强制孕检、债务奴役和与大规模滥用农药相关的健康风险（联合国，2009）。

被边缘化的群体，比如妇女、未成年人、土著工人和外来务工者，以及临时工、计件工或季节性雇佣工人和非正式工人，通常面临被辱骂或有损健康的工作条件（联合国，2009）。妇女所处的情况造成了特定风险：在发展中国家，43%的农业劳动力为妇女，但是农产品加工业往往将女性工作视为无需特殊技能的工作，雇佣妇女从事劳动密集型工作，向她们支付的报酬低于男性，而且晋升的机会相对较少（国际劳工组织，2011b）。

违反核心劳工权利可能导致具有破坏性的社会紧张局势，这又可能影响企业的绩效。企业实施歧视性就业和职业实践，将限制其自身从更大范围的拥有技能和能力的人群中获得人才。歧视造成的不公正感和愤恨可能会影响工人的绩效（国际劳工组织，2008）。

降低风险的措施[35]

对工人的保护

- 在经营过程中始终奉行**就业机会和待遇平等**原则，不因种族、肤色、性取向或性别身份、宗教、政见、民族血统、社会出身或其他状况，在就业和职业方面对工人实施歧视，除非有关工人特点的选择性能够进一步推动政府制定旨在促进就业机会平等的既定专项政策，或是关系到某一工作岗位的特定要求；让资质、技能和经验成为所有层次员工的招聘、工作安排、培训和晋升的基础；[36]

- 尊重允许就业或工作的**最低年龄**，以确保切实废除童工；[37]

- 避免雇佣或受益于**强迫劳动**，这包括通过武力或惩罚威胁，要求个人非自愿提供的任何工作或服务；

- 持续监测主供应链，以识别重大变化或新风险，或童工和/或强迫劳动的事件，并与主要供应商合作采取纠正措施进行补救。[38]

体面的工作条件

- 遵守不次于类似雇主遵循的就业和劳资关系标准。假如企业运营所在国不存在类似雇主，在政府政策框架内提供尽可能最好的工资、福利和工作条件。这些待遇至少应满足工人及其家人的基本需求；[39]

- 努力为工人提供稳定的就业，并且遵守关于就业稳定和社会保障的自由谈判的职责；[40]

- 在考虑可能对就业产生重大影响的运营变化时，将这些变化合理地通知工人代表，并在适当的情况下，通知相关政府主管部门，与工人代表和相关政府主管部门合作，以期最大限度地缓解实际不利影响。[41]

工人代表和集体谈判

- 认识到相互理解与信任氛围的重要性有利于实现工人的愿望；[42]

- 承认不存在任何歧视，工人均有权且无需事先授权便可建立并加入自身选择的组织；

- 建立雇主和工人及工人代表就共同关心的事务定期开展磋商与合作的制度，以及与主管部门定期开展磋商与合作的制度，以确保符合国家的社会发展政策；

- 建立能够为工人及工人代表定期提供信息的制度，以促成有关就业条件的有意义谈判，并使工人及工人代表真实、公平地了解企业绩效；[43]

- 工人向管理层或者酌情向主管公共部门善意报告违反法律、《经合组织准则》或企业政策的做法，企业不得对其采取歧视或处罚措施；

- 不得威胁从相关国家转移全部或部分经营机构，或者从其他国家的组成实体转移工人，从而不公平地影响与工人代表的谈判，或者阻碍工人行使组织的权利；

- 不得报复、干预或歧视工人代表；[44]

- 让经授权的工人代表能就集体谈判或劳资关系开展谈判；

- 在集体协议中包括解决因协议理解和应用而产生争议的条款和确保相互尊重的权利和责任的条款。[45]

本地就业

- 尽可能无歧视地包括在管理岗位上雇佣本地工人，并与工人代表合作，以及酌情与相关政府部门合作，为工人提供培训，以改善其技能水平。[46]

培训

- 确保在适当的情况下与相关政府部门、雇主组织和工人组织合作，将相关培训提供给所有层次的工人，以满足运营需求。这种培训应尽可能发展通用技能并促进就业机会；

- 在发展中国家运营时，参加政府鼓励、雇主组织和工人组织支持的旨在鼓励技能培养和发展，以及提供职业指导项目；[47]

- 为未成年人提供合适的培训、教育和师徒制计划，以提升他们的能力和/或更好地获取体面工作和创业，以及促进妇女获得培训；[48]

- 在可行的情况下，由掌握熟练技术资源的员工提供服务，协助开展由政府组织的培训计划，以作为对国家发展作出的贡献。[49]

4. 健康与安全

风险

农业活动通常包括一些需要工人参与的最危险的活动，这使很多农业工人遭遇职业事故和疾病。暴露于恶劣天气、与危险动物或植物亲密接触、广泛使用化学产品、工作姿势困难、工作时间长、使用危险工具和机器，都会造成健康问题（国际食物政策研究所，2006）。例如，估计每年农药中毒事件的数量在 200 万至 500 万起之间，其中 4 万起为致命中毒事件（国际劳工组织，2005 和 2011b）。土地用途发生变化，湿地、红树林和高地森林等减少自然灾害（洪水、塌方和火灾）影响的天然缓冲区丧失，或者自然资源缩减或退化，包括淡水质量下降、数量和供应减少，都可能导致脆弱性加剧，并增加对社区的安全影响（国际金融公司，2012）。

由于食物中生物、化学或物理危险处于不安全的水平，将使人类健康可能面临风险。这些危险源自环境（比如有毒金属、二恶英和天然毒素）、农业实践（比如兽药和农药残留），或对产品处理不当（比如致病霉菌）。物理危险包括污垢、害虫、毛发或塑料。食品安全管理体系，包括"从农场到餐桌"完整的控制体系，包含生物安全措施和使用安全水资源，能够预防这些风险。

人类健康还与动物健康紧密相关。"唯一健康"理念建立的基础是意识到存在重大机遇，即能够通过动物种群层面和人类、动物和环境之间的接口中防范和控制病原体的政策保护公众健康。该理念已获得多个政府的支持，为此采取多项措施，旨在防范疾病影响人类和动物，并确保对人类和动物负责任地使用抗生素。[50]引起人体传染性疾病的病原体中，60%源自动物。这些疾病被称为人畜共患病，可以由家畜或野生动物传染。可传染给人类的动物疾病在世界范围内构成公共卫生风险。一个有效且经济可行的保护人类方案是在动物源头进行控制，消除所有人畜共患病原体。

《经济、社会、文化权利国际公约》规定逐步实现享有能达到的最高的体质和心理健康标准的权利（第十二条）。经济、社会、文化权利委员会[51]将该权利理解为"一项全部包括在内的权利，不仅包括及时和适当的卫生保健，而且也包括决定健康的基本因素，如享有安全的饮水和适当的卫生条件，充足的安全食物、营养和住房供应，符合卫生的职业和环境条件以及获得卫生方面的教育和信息"。委员会指出，"健康权与各项人权一样，要求缔约国承担三类义务：尊重、保护和实现的义务。依次下来，实现的义务包括便利、提供和促进的义务。"[52]

《经济、社会、文化权利国际公约》等人权条约针对的是国家，而企业可能对逐步实现享有能达到的最高的体质和心理健康标准的权利产生负面影响，或者损害缔约国逐步实现上述权利的行动。因此，国家在支持逐步实现上述权利的过程中起重要作用。除了以上详述的直接健康风险，农业经营和食品制度可能更加间接地影响个人健康。

降低风险的措施[53]

- 评估在整个运营过程中对受影响社区的健康与安全造成的风险和影响；

- 根据良好的国际行业惯例[54]，并根据已识别风险和影响的性质和严重程度，制定预防与控制措施，努力避免并在不成功的情况下最大限度地降低风险和影响；

- 避免或最大限度地减少工人、第三方和社区接触由运营释放的危险材料和物质，包括通过修改、替代或消除造成潜在危险的条件或材料，并做出合理的努力，以控制危险材料和废物的交付、运输和处置的安全；

- 避免或在最大限度上降低社区因运营而使社区面临各种传染病的风险，包括通过水传播的、以水为基础的、与水相关的疾病，带菌者传播的疾病以及传染性疾病，同时考虑弱势群体对此类疾病差异化的接触风险以及更高的敏感性；

- 与受影响社区、当地政府机构和其他相关方协作，帮助他们做好有效应对**紧急情况**的准备，特别是他们为应对这种紧急情况有必要进行参与和协作的情况下；[55]

- 考虑遵守全球**食品安全**标准，比如《食品法典》，[56]以及全球动物卫生标准，如世界动物卫生组织标准；[57]

- 促进可追溯性，以确保食品安全，推动社会与环境管理，并增进信任。[58]

5. 粮食安全与营养

风险

根据《经济、社会、文化权利国际公约》（第十一条），足够的食物是获得适当生活水准权利的一部分。[59]《经济、社会、文化权利国际公约》缔约各国采取措施，逐步实现获得相当的生活水准的权利，包括足够的食物。《经济、社会、文化权利国际公约》还承认人人享有免于饥饿的基本权利。在承认这一权利的基础上，缔约各国应该考虑采取措施，改进粮食的生产、保存和分配方法，考虑食物进口国和出口国的问题。根据经济、社会、文化权利委员会的理解，"当每个男子、女子、儿童、单独或同他人一道在任何时候都具备取得足够食物的实际和经济条件或获取食物的手段时"，这些权利便得到实现。委员会指出，"取得足够粮食的权利像任何其他人权一样，对缔约国规定了三个类型或层次的义务：尊重、保护和实现的义务"，"作为其保护人民的粮食资源的一项义务，缔约国应该采取适当的步骤，确保私营企业部门和民间社会的活动符合取得粮食的权利"。[60]

《联合国粮农组织自愿性准则》支持在国家粮食安全的背景下支持逐步实现享有足够食物的权利，为各国政府实现享有足够食物的权利提供指南，其中包括促进食物的可得性，其数量和质量足以满足个人的饮食需求，以及足够食物的物理和经济可及性，食物不含不安全物质，在特定文化中可接受，或者食物的采购方式。《准则》鼓励各国政府采取措施，确保所有食物，不管是本地生产的食物还是进口食物，在市场上可自由获取或出售，且是安全及符合国家食品安全标准的。《准则》还建议，各国政府建立综合、合理的粮食控制体系，利用风险分析和监督机制，降低发生食源性疾病的风险，以确保包括动物饲料在内整个食物链中的食品安全。

尽管《联合国粮农组织自愿性准则》针对的是国家，但企业也能起到重要作用。2008 年，尤其是随着粮食需求日益增长，粮食价格上涨，农业投资也随之增加——据估计，为满足预期需求，到 2050 年全球粮食产量需要提高 60%。尽管农业投资有望确保提高产量、减少贫困、促进经济发展，但也可能以各种不同的方式削弱粮食的可及性。最显著的不利影响之一可能是因为征用大片土地，并且在此过程中迁移社区，或者阻止社区使用土地（联合国粮农组织，2010）。

降低风险的措施

- 尽可能考虑运营对粮食可得性和可及性、地方就业、饮食偏好和粮食供应稳定性的影响，包括通过让地方政府和其他相关的利益相关方参与；

- 在合适的情况下，通过与相关利益相关方的磋商，识别不同利益相关方与**粮食相关**的关注点，评估实现投资目标同时尊重不同利益相关方与粮食相关关切的策略；

- 尽可能调整项目设计，消除对粮食安全和营养负面影响的关注，比如通过以下方式：如果建议的投资将导致地方社区的实体和/或经济迁移，考虑可行的替代投资；开垦退化的土地，选择先前未用于农业但是环境不敏感的土地；或者通过可持续集约化提高农业生产效率，从而改善粮食安全与营养；

- 尽可能考虑促进当地居民更好地获取食物、改善适应能力和营养[61]，主要通过以下方式：提高安全、营养和多元粮食的产量，促进粮食和农产品的营养价值；推动获取农用物资、技术利用和市场准入；在下游活动中产生就业；或者建设社区存储设施，减少收获后损失与价格波动。[62]

6. 对自然资源的权属权利与获取

风险

对土地权利的不同主张相互重叠时将产生土地权属风险。从统计的角度而言，在新兴经济体进行租地投资时，这会产生重大风险（芒登项目/权利与资源倡议，2013）。事实上，在世界银行与联合国贸易和发展会议分析的 39 项大型农业投资中，土地权属被识别为受影响社区最常见的申诉原因，尤其是因为对社区拥有非正式土地使用权的土地纠纷，以及特别是土地征用的条件和过程缺少透明度（世界银行，2014）。2013 年，国际金融公司和多边投资担保机构合规顾问申诉专员（CAO）[63]收到的投诉信中提出的一半议题与土地相关。此外，自 2000 年以来，合规顾问申诉专员处理的所有案件中，近四分之一均与土地和水相关。随着这些资源的压力增加导致了对可及性、数量和管理的关注，土地和水通常与文化认同感交织在一起。在合规顾问申诉专员的土地相关投诉中，个人提出的申诉主要是征地（22%）、赔偿（33%）和安置（32%）（国际金融公司与多边投资担保机构合规顾问申诉专员，2013）。

食品和饮料行业受到民间组织的大量指责，仅次于采掘业，被指责未充分考虑与获取土地和水资源相关的权利（欧洲委员会，2011）。[64]土地不应该仅仅被视为一种生产性资产，其环境和社会文化作用也应得到认可；土地可以提供各种生态系统服务，包括饮用水和灌溉水，农民的安全保障和养老保险。土地在土著人民和地方社区的社会、文化或宗教实践中也起到重要作用。

虽然主要由国家负责保护权属权利，但是企业也应该假定法律框架不会始终都是完善的。事实上，据估计，在发展中国家，70%的土地所有权单位未经正式登记（联合国人居署，2015；McDermott 等，2015）。因此，企业应主动确保自身尊重合法的权属权利。尤其应考虑以下风险：

- 风险在国家法律未充分反映合法的权属权利或者国家法律未得到有效执行时出现。例如，国家土地所有权与登记制度可能不完善，未保护土地使用者，尤其是妇女的权属权利，并且向企业提供有关土地权利主张不完整的信息。土地只是季节性使用且显得荒废时，比如土地被国内流失失所者废弃，或者用于放牧、饲料或游耕农业，土地权属权利会更加错综复杂。然后，企业可能将受其活动不利影响的某些权利人（不管是法定权利人还是习惯权利人、主要权利人还是次要权利人、正式或非正式团体还是个人）排除在磋商之外（经合组织，2011）。

- 如果国家未制定企业与利益相关方开展磋商的明确和透明的规定，或者未保障保护现有权属权利免遭大规模权属权利交易构成的风险，风险便可能增加。尤其是，如果未执行国家规定或国家规定不足以实现以下目标，企业可能面临风险：(i)确保真诚地、以文化上合适的方式与权属权利人开展合理合作，以及(ii)识别土地和其他自然资源转让和使用的模式，包括使用独立和参与式事前与事后影响评估，和/或获得补救的方式（联合国，2009）。有关征地的磋商缺乏包容性会使得社区感觉被排除在磋商过程之外，并会争夺企业权利，从而可能在企业与社区之间造成紧张局面，甚至可能产生冲突（联合国粮农组织，2013）。

- 政府在征地时，对向原先的合法土地权利人及时、足额、有效地提供赔偿负主要责任，企业也有责任确保自身运营未经有意义的磋商不会导致地方社区的搬迁，以及在未经合理赔偿的情况下不会进行强制搬迁。根据《国家粮食安全范围内土地、渔业及森林权属负责任治理自愿准则》，各国应该只有在土地权利用于公共目的时才征用土地，并且应该在法律中明确界定公共目的的概念以方便司法审查。但是，在许多发展中国家，公共目的定义不明确和/或笼统，缺乏土地用途规划，土地管理和土地投机中腐败严重，都导致了非法征地。这种征地会导致地方社区丧失生计，或者更加有限地获取土地和其他主要自然资源，从而导致营养匮乏、社会两极分化、根深蒂固的贫穷或政局不稳定。[65]而这也妨碍获取足够的食物。这种征地还会侵犯《联合国土著人民权利宣言》中规定的土著人民权利。在政府未与地方社区开展适当的磋商，或未获取土著人民自由、事先和知情同意且未提供适当赔偿就进行征地的情况下，企业若涉足其中，声誉和运营均会受到负面影响。这可能会导致企业与感觉被排除在外或受到不公正待遇的社区之间造成紧张局面和冲突（联合国粮农组织，2013）。在这种情况下，企业应该考虑退出计划运营的方案。

土地权属风险的水平取决于投资类型。对于绿地投资，应该彻底开展尽责调查，以确保不因私人目的、未提供公平和及时的赔偿，不征用社区土地。对于棕地投资、合资公司与兼并和收购，原先的运营商可能已获得土地权属权利，也接手了土地纠纷。因此，尽责调查应确保先前获取这些权利已遵守本《指南》中规定的标准，尤其是《国家粮食安全范围内土地、渔业及森林权属负责任治理自愿准则》直到 2012 年才得以批准。对现有项目进行投资，使企业有机会确保合理获取土地权属权利；如若不然，找到赔偿受影响利益相关方的方式，并与地方社区重新合作，探索新的合作模式。

降低风险的措施

- **识别权利人**，不仅包括正式认可的权属权利人，而且还包括可能尚未正式登记并确权的公共、私人、公社、集体、土著和习惯权属权利，包括妇女权属权利，以及其他相关利益相关方，包括通过本地开放的磋商；[66]

- **建立委员会**，代表相关利益相关方，对影响评估提出建议，尤其对初始阶段（筛选和确定范围）以及管理、监测和应急计划提出建议。应特别考虑确保土著人民、地方社区和边缘化群体充分的代表性；[67]

- 如果建议的投资导致地方社区的**实体和/或经济迁移**，考虑可行的替代投资，意识到国家只有在公共目的需要土地、渔业或森林权利的情况下才能征用，国家应该在法律中明确界定公共目的的概念；[68]

- 权属权利人受运营负面影响时，与政府合作，以确保权属权利人通过以下方式，因为受负面影响的权属权利而获得公平、及时和适当的赔偿：

- o 对于提供的赔偿，开展真诚、有效和有意义的磋商，并确保一致、透明地执行赔偿标准；

- o 优先考虑根据土地质量、面积和价值提供赔偿，否则为损失的资产按重置成本全额提供赔偿，包括土地以外的资产（农作物、水资源、灌溉基础设施和土地改良），以及其他援助，帮助权属权利人改善或恢复生活标准或生计；

- o 监测赔偿安排的实施情况。[69]

- 当政府能力有限时，积极参与安置规划、实施和监测。[70]

7. 动物福利

风险

农业供应链中可能出现重大动物福利风险。与这些风险相关的因素包括畜栏空间有限从而限制了动物活动；群体放养密度高从而增加了疾病传染和与其他动物有害接触的可能性；环境贫瘠/不变导致行为问题；饲料未能充饥；有害的畜牧业程序引起疼痛；以及育种实现生产性状，突显解剖或代谢紊乱。未充分考虑知识丰富、技能娴熟的饲养员的意见会增加上述风险（国际金融公司，2014）。

改善动物福利具有商业意义。疾病是对动物福利和企业的可持续发展构成威胁的良好范例。世界动物卫生组织估计，由于动物疾病引起的发病率和死亡率造成全球牲畜生产损失至少 20%，即每年至少 6000 万吨肉和 1.5 亿吨牛奶，价值约 3000 亿美元。此外，世界许多地方的富足增加了消费者选择，提高了对食物生产标准的期望。欧洲和北美的调查发现，大部分消费者关心动物福利，愿意为自身觉得以人道方式养殖的农场动物生产的动物产品支付显著更多的费用（国际金融公司，2014）。

国际标准与原则中很少提及动物福利。世界动物卫生组织制定了最全面的指导原则。2008 年，世界动物卫生组织的成员采用了动物福利的定义，从而在国际范围内澄清了动物福利实际涉及的内容。[71]当条件和/或管理不当时，动物福利在任何规模的农场都可能受损（英国皇家防止虐待动物协会, 2014)。

世界动物卫生组织的九项标准应对具体的福利挑战，包括动物的运输和屠宰、牲畜和家禽的生产系统、流浪狗种群控制，以及研究中动物的使用。这些标准基于科学证据，动物福利的基本原则被称为"五大自由"：享有不受饥渴和营养不良的自由、不受身体和保暖不适的自由、不受痛苦、伤害和疾病折磨的自由、无恐惧和悲伤感的自由，以及表达天性的自由。[72]英国环境、食品和农村事务部（DEFRA）确立了上述五大自由，树立了良好实践的典型。英国环境、食品和农村事务部的牲畜福利建议规范序言中强调，从事动物生产的企业应该证明：关爱、负责的计划与管理；技能娴熟、知识丰富和兢兢业业的饲养员素质；合适的环境设计；对动物体贴处理、运输和人道屠宰（英国环境、食品和农村事务部, 2003）。

除了世界动物卫生组织的标准，欧盟已经通过了一系列详细的动物福利法律，《欧盟运行条约》第 13 条承认动物是"具有感知的生物"。[73]欧盟对动物福利的大部分规定仅适用于欧盟生产商，想要将肉类产品出口到欧盟的第三方国家必须就屠宰时的动物福利制定与欧盟等同的标准。

此外，欧盟正在努力通过签署国际贸易协议，整合全球的动物福利标准。私营企业、政府和民间组织还制定了动物福利的其他标准和认证方案。[74]

降低风险的措施

- 利用"五大自由"的框架，评估对动物福利的实际和潜在影响；

- 确保物理环境允许舒适的休息、安全舒适的活动，包括正常的姿势变化，并有机会开展动物主动实施的各种本能行为；

- 确保动物获得充足的饲料和水，与其年龄和需求相适应，以保持正常的健康和生产效率，预防长时间饥饿、口渴、营养不良或脱水；

- 痛苦的程序不能避免时，在现有技术允许的范围内管理产生的痛苦；

- 确保对动物的处理能培养人与动物之间的积极关系，不会造成伤害、恐慌、持久的恐惧或可避免的压力；

- 根据环境与情况，使用相应的牲畜品种，这样育种不会导致生产性疾病与其他内在的问题。[75]

8. 环境保护与自然资源的可持续利用

风险

农业活动可以采用一些能够提升生态系统服务的环境友好型实践，尤其是利用保护土壤和水分的土地管理技术、保护流域、恢复植被与栖息地，保持生态多样性。但是，有些农业投资旨在短期内提高农业产量，从长远来看，还可能导致生态系统退化，包括土地退化、水资源枯竭、原始森林和生物多样性消失。据估计，全球55%-80%消失的森林是由于将林地转为农田（联合国环境规划署，2015）。2014年，世界银行与联合国贸发会议分析了 39 项投资，其中最常见的议题与农用化学品的使用相关，比如水污染、化学物质漂移和空中喷洒。此外，农业活动能够对外产生影响，包括温室气体排放、对流域的影响，或者远离运营所在地但却与运营直接相关的森林砍伐（联合国粮农组织，2010)。

造成不利环境影响，可能是因为在投资之前缺乏合适的环境影响评价，在实施阶段又缺少有效的环境管理体系（联合国粮农组织，2011）。这些评估的质量、全面性和公众可得性经常是大规模投资遭到批评的原因（联合国粮农组织，2010）。当科学证据不足以充分评估不利影响时，风险会更高。随着资源高效利用和回收、减排、有毒物质的替代和减少使用以及生物多样性保护的国际标准发展，企业面临的风险也正在快速演变（经合组织，2011；国际金融公司，2012）。

降低风险的措施

- 根据企业的特征，制定和维护环境管理体系，包括：充分、及时地收集和评估企业活动产生的环境、健康与安全影响的相关信息；制定可测量目标，并在适当的情况下，包括制定综合的害虫和/或肥料管理计划，制定改善环境绩效和资源利用的指标；[76]定期监测和验证实现环境、健康与安全目标或指标的进展；[77]

58

- 制定监测和测量环境管理体系有效性的程序。如果政府或第三方有责任管理特定环境风险和影响、采取相关减轻措施，合作制定与监测这些减轻措施。在适当的情况下，考虑让来自受影响社区的代表参与监测活动；[78]

- 消除在企业过程、商品和服务全生命周期过程中与之相关的可预见环境、健康与安全影响，以期避免这些影响或在不可避免的情况下减轻这种影响。如果拟议的活动可能造成显著的环境、卫生或安全影响，而且如果这些活动须经过主管部门的决定，企业应编写适当的环境影响评价报告；[79]

- 如果存在损害环境的风险，根据对风险的科学和技术性理解，避免将缺乏充分的科学证据作为理由，推迟采取防范或最大限度降低这种损害的成本效益高的措施，同时考虑对人类健康与安全构成的风险；[80]

- 准备应急计划，用于防范、减轻和控制运营中事故和紧急情况等导致的严重环境和健康损害，并在适用的情况下，协助潜在受影响的社区和地方政府机构，并与之合作，有效应对紧急情况，包括建立向主管部门立刻报告的机制；[81]

- 考虑对成本、商业机密和知识产权保护的关注，为公众和工人提供有关企业活动潜在环境、健康与安全影响的足够、可测量和及时的信息，并与直接受企业环境、健康与安全政策及其执行影响的社区充分、及时地开展沟通和磋商；[82]

- 努力避免对**生物多样性、遗传资源和生态系统服务**产生负面影响，支持对**生物多样性、遗传资源和生态系统服务**的保护，负面影响不可避免时，采取措施最大限度地降低影响，并采取适应性管理方式，恢复生物多样性和生态系统服务；[83]

- 选择最合适的生产系统，在适当的情况下与政府合作，提升**资源利用效率**，同时保护现有资源的未来可得性。[84]这尤其意味着努力：

  - 改善**水源保护**、废水处理和水利用效率，投资和使用技术，实现该目标；[85]

  - 改进对**农业投入和产出**的管理，提高生产效率，最大限度地减少对环境、植物、动物和人类健康构成的威胁；[86]

  - 减少生产和收获后运营中的**废物和损失**，加强对废物和/或副产品的生产性利用；[87]

  - 实施技术和经济上可行、成本效益高的措施，提升能源消耗的效率；[88]

  - 采取适当措施，减少和/或消除**温室气体**排放。[89]

9. 治理

9.1 腐败

风险

如果政府未制定明确且有效执行的透明与反腐法律，企业则面临很高的治理风险（经合组织，2006）。监督土地部门的政府机构等公共实体受服务层面贿赂的影响最大，只有警察和司法部面临更高层次的贿赂（TI，2011）。企业只能提供不正当利益，以获取大片土地，损害拥有习惯土地权利的地方社区。腐败还可能影响政府补贴信贷的分配，如在授信时政府官员收取不必要的费用。腐败还会提高农资价格，因为农资公司可以与公职人员分享一部分利润，将产品高价出售给政府部门。

腐败指控增加获得资源的成本、最大限度地降低当前和未来基础设施建设的协同效应以及增加冲突的可能性，从而减少农业投资的收益，抑或阻止收益的实现（联合国粮农组织，2010）。腐败指控将削弱地方社区对企业的信心和信任，而从长远来看，社区的信心和信任对发展与企业的积极关系却又必不可少。

降低风险的措施

- 避免寻求或接受人权、环境、健康、安全、劳工、税收或其他议题相关法律或监管框架中未考虑的**豁免**情况；

- 避免直接或间接（通过第三方）提供、承诺、给予或索取**贿赂**或其他不正当利益给公职人员、商业伙伴的工人，或者其亲属或业务伙伴，以获得或留存商业收益或其他任何不合理利益；

- 制定并实施合理的**内部控制**措施、伦理和合规项目或措施，以防范并侦测贿赂；

- 在公司内部控制、伦理与合规项目或措施中，禁止或不鼓励使用**小额疏通费**，因为在支付小额疏通费的国家，小额疏通费一般均为非法；如果支付小额疏通费，在账簿和财务记录中准确记录；

- 确保进行对**聘用代理人**开展合理文件形式的尽责调查，对代理人定期进行合适的监督，并且确保代理人的薪酬是合理的且仅涵盖合法的服务；

- 避免不合适地卷入当地政治活动；[90]

- 客观地利用评估价值、透明和分散化的过程和服务以及上诉的权利，以防范与权属权利相关的腐败，尤其是土著人民和地方社区享有的习惯**权属权利**；[91]

- 各国政府合作实施《经合组织反对国际商务交易中贿赂外国公共官员公约》（《经合组织反腐公约》）。[92]

9.2 税收

风险

企业及时缴税，可以为东道国的经济发展做出贡献。风险管理体系中的税收治理与合规能够确保充分识别并评估与税收相关的财务、监管与声誉风险（经合组织，2011）。最近几次针对大企业的行动表明，避税会增加声誉风险。

降低风险的措施

- 为当局及时提供相关的或法律要求的信息，从而正确地确定根据运营评定的税收；

- 转让定价实践符合独立交易原则；

- 采取风险管理策略，以确保充分识别并评估与税收相关的财务、监管与声誉风险。[93]

9.3 竞争

风险

如果买方力量过度且不受制约，反竞争实践不仅对消费者产生负面影响，而且削弱小农的议价能力，从而影响粮食安全与营养（联合国，2009）。同样，大企业倾销，在竞争激烈的市场中亏本销售产品，能够逼迫包括中小企业在内的竞争对手退出市场。在有些国家，竞争的法律法规不完善或执法不严，企业如果在管理上不能高度谨慎，未能避免构成不正当行使买方力量的实践，比如未经合理通告降到先前的价格，或者因消费者投诉将不合理的款项强加给供应商，则面临违反竞争标准的风险（经合组织，2006）。

降低风险的措施

- 避免签署或实施竞争各方达成的反竞争协议；

- 与竞争调查机关合作，包括依照适用法律和合适的保障，根据信息请求，尽可能及时、完整地提供回应，并考虑使用现有文件，比如适当情况下的保密弃权书，以促进调查机关之间有效、高效的合作。[94]

10. 技术与创新

风险

促进并共享技术有助于创建一个支持享有人权和加强环境保护的环境。但是，实证研究表明，农业部门实际的技术转让很少能够达到企业宣布的水平（联合国贸发会议，2009）。

至于土著人民、地方社区和农民的遗传物质与传统知识，《生物多样性公约》、《粮食和农业植物遗传资源国际条约》和《生物多样性公约关于获取遗传资源和公正和公平分享其利用所产生惠益的名古屋议定书》的缔约国承担与获取遗传资源和关联的传统知识相关的特定国际义务。企业可以与政府合作，支持政府履行上述国际义务，或者至少不削弱国际义务，并考虑相关的知识产权法。

降低风险的措施

- 努力确保活动符合东道国的科技政策与计划，并酌情为地方与全国性创新能力培养做出贡献；

- 如果在运营过程中可行，采用的实践允许适应当地的创新技术、专业知识和实践的**转让和快速传播**，并适当顾及保护知识产权；[95]

- 受国家法律管辖，根据适用的国际条约，尊重**农民节约**、使用、交换和出售包括种子在内的遗传资源的权利，承认育种人的利益；[96]

- 适当的时候，在发展中国家开展工作，发展科技，旨在满足**本地市场**需求，雇佣本地人员，并鼓励为他们提供培训，同时考虑商业需求；

- 在发放知识产权使用许可证时，或者在转让技术时，按照合理的条款和条件进行，促进东道国未来长期的可持续发展；

- 如果与商业目的相关，与**本地大学**、公共研究机构的建立联系，参加与地方行业或行业协会开展的合作研究项目。[97]

注释

1. 《经合组织准则》，三.1-3、八.2；农业和粮食系统负责任投资原则 9.ii；《国家粮食安全范围内土地、渔业及森林权属负责任治理自愿准则》，12.3；阿格维古准则，10-11；《国际金融公司绩效标准 1》，29；《联合国负责任合同原则》，附加于《联合国指导原则》，得到联合国人权理事会的支持，原则 10。这还可以支持《奥尔胡斯公约》第 5.6 条的实施。有关"*产品特征*"的信息应该包含足以使消费者做出知情决定的信息，包括关于产品价格的信息，以及在适当时提供成分、安全使用、环境属性、维护、储存和处置的信息（《跨国企业准则》，八.2）。

2. 阿格维古准则，10-11。

3. 《奥尔胡斯公约》，第 5.1.c 条。

4. 《经合组织准则》，三.1。

5. 《国际金融公司绩效标准1》，第 27 段。

6. 《国际金融公司绩效标准 7》，第 13-17 段；阿格维古准则，29、52-53、60；《国家粮食安全范围内土地、渔业及森林权属负责任治理自愿准则》，3B.6、9.9；农业和粮食系统负责任投资原则 9.iii；《联合国土著人民权利宣言》，第 10 条。根据《国际金融公司绩效标准 1》第 33 段，如果利益相关方的参与主要由政府负责，企业应在政府负责部门允许的情况下，尽可能与该部门合作。如果政府的能力有限，客户应在利益相关方参与的计划、实施和监测过程中发挥积极作用。如果

62

政府进行的参与过程不能达到有意义参与的相关要求，客户应进行补充的参与过程，并在适当情况下确定补充行动。

7. 《国家粮食安全范围内土地、渔业及森林权属负责任治理自愿准则》，3B.6；《国际金融公司绩效标准 1》，30。

8. 《国家粮食安全范围内土地、渔业及森林权属负责任治理自愿准则》，9.9 和 4.10；阿格维古准则，14-17；尊重权利、生计和资源的负责任农业投资原则 1 和 4；《国际金融公司绩效标准 1》，26-27 和 30。

9. 阿格维古准则，17；《国际金融公司绩效标准 1》，30-31。

10. 阿格维古准则，7-8；《国际金融公司绩效标准 1》，27。

11. 《经合组织准则》，六.3 和六.67。

12. 可使用高保护价值和碳储量评估等工具。可参考第 8 小节"环境保护与自然资源的可持续利用"，了解有关潜在不利环境影响的进一步详细信息。

13. 农业和粮食系统负责任投资原则 10；阿格维古准则，6、37 和 48。

14. 农业和粮食系统负责任投资原则 10.i；阿格维古准则，14。

15. 《国际金融公司绩效标准 1》，第 8 段和第 10 段。

16. 《生物多样性公约》，第 8(j)条和第 10 条；《粮食和农业植物遗传资源国际条约》，第 9.2 条；《名古屋议定书》，第 5 条；国际劳工组织第 169 号公约，第 15 条。

17. 《名古屋议定书》的附录中含指示性列表。

18. 阿格维古准则，46。

19. 农业和粮食系统负责任投资原则 1.iii and 2, iv-vii; 尊重权利、生计和资源的负责任农业投资原则 6；《国际劳工组织关于多国企业宣言》，第 20 段；阿格维古准则，46；《国际金融公司绩效标准 7》，第 18-20 段。

20. 《国际劳工组织关于多国企业宣言》，第 10 段；尊重权利、生计和资源的负责任农业投资原则 5。

21. 尊重权利、生计和资源的负责任农业投资原则 6；阿格维古准则，46；《国际金融公司绩效标准 7》，第 18-20 段。

22. 《国际金融公司绩效标准 1》，第 35 段。

23. 联合国指导原则 31，评论。

24. 《经合组织准则》，四.46。

25. 《经合组织准则》，四.1-3。

26.　　《经合组织准则》，四.37。

27.　　阿格维古准则 13；《国际金融公司绩效标准 7》，第 8 段。

28.　　可参见上文有关影响评估的部分，了解更多详细信息。

29.　　《经合组织准则》，二.2 和四.5 和 45。

30.　　农业和粮食系统负责任投资原则 3 和 4。

31.　　农业和粮食系统负责任投资原则 3；《消除对妇女一切形式歧视公约》（CEDAW）。

32.　　农业和粮食系统负责任投资原则 3.iii。

33.　　《结社自由和保护组织权利公约》，1948（第 87 号公约）；《组织权利和集体谈判权利原则的实施公约》，1949（第 98 号公约）；《强迫劳动公约》，1930（第 29 号公约）；《废除强迫劳动公约》，1957（第 105 号公约）；《准予就业最低年龄公约》，1973（第 138 号公约）；《关于禁止和立即行动消除最有害的童工形式公约》，1999（第 182 号公约）；《对男女工人同等价值的工作付予同等报酬公约》，1951（第 100 号公约）；《就业和职业歧视公约》，1958（第 111 号公约）。

34　　此外，加入和组建工会的权利得到《欧洲人权公约》（第 11 条）的保护。加入工会的权利得到《美洲人权公约》（第 16 条）和《非洲人权和民族权宪章》（第 10 条）中所含结社自由权利的保护。

35.　　农业和粮食系统负责任投资原则 2 涵盖劳工权利。

36.　　《国际劳工组织关于多国企业宣言》，21；《经合组织准则》，五.1.e。《经合组织准则》评注 54 指出，为《准则》的目的，"其他状况"一词系指工会活动和个人特点，比如年龄、残疾、怀孕、婚姻状况、性取向或艾滋病毒感染状况。值得一提的是，《残疾人权利公约》（CRPD）禁止在就业中歧视残疾人。

37.　　《国际劳工组织关于多国企业宣言》，36；《经合组织准则》，五.1.c；《儿童权利与商业企业原则》2。《儿童权利与商业企业原则》不产生新的国际法律义务，是基于《儿童权利公约》及其任择议定书中概述的权利。《儿童权利公约》是得到最广泛批准的人权条约：193 个政府已经签署批准该公约。这些原则还基于《关于禁止和立即行动消除最有害的童工形式公约》（国际劳工组织第 182 号公约）和《准予就业最低年龄公约》（国际劳工组织第 138 号公约）。这些原则还详细阐述针对商业企业的现有标准，包括联合国全球契约的"十项原则"和《联合国指导原则》。

38.　　《经合组织准则》，五.1.d；《国际金融公司绩效标准 2》，第 13 段、第 15 段、第 21 段、第 22 段和第 27 段。

39.　　《国际劳工组织关于多国企业宣言》，34；《经合组织准则》，五.4.a 与 b。

40.　　《国际劳工组织关于多国企业宣言》，25。

41.　　《国际劳工组织关于多国企业宣言》，26；《经合组织准则》，五.6。

42.　　国际劳工组织情况建议书内沟通，1967（第 129 号），第 2 段。

43.　　劳资关系制度，包括公司和行业层面的集体谈判，能够在防范和解决申诉中起重要作用。

44.　　《国际金融公司绩效标准 2》，14；《国际劳工组织关于多国企业宣言》，17、52-53。

45.　　《经合组织准则》，二.9、五.1-3、五.6-8；《国际劳工组织关于多国企业宣言》，41、44、47、51-56。

46.　　《经合组织准则》，五.4-5；《国际劳工组织关于多国企业宣言》，第 18 段。

47.　　《国际劳工组织关于多国企业宣言》，16-18、30-34。

48.　　农业和粮食系统负责任投资原则 3.iii 与 4.ii。

49.　　《国际劳工组织关于多国企业宣言》，31。

50.　　以下国家和组织已经支持本方式：欧盟委员会、美国国务院、美国农业部、美国疾病预防控制中心（CDC）、世界银行、世界卫生组织（WHO）、联合国粮农组织（FAO）、世界动物卫生组织（OIE）与联合国系统流感协调（UNSIC）。了解进一步信息，参见：*www.onehealthglobal.net*。

51.　　经济、社会、文化权利委员会的一般性意见不具约束力，却是对《经济、社会、文化权利国际公约》的权威解读。

52.　　经济、社会、文化权利委员会第 14 号一般性意见（2000 年）。尽管《经济、社会、文化权利国际公约》是一份被广泛批准的国际性文件，缔约各国承认人人有权享有能达到的体质和心理健康最高标准，其他国际文件也规定了健康相关权利，包括《儿童权利公约》（CRC）、《消除对妇女一切形式歧视公约》（CEDAW）、《消除一切形式种族歧视国际公约》（CERD）和《残疾人权利公约》（CRPD）。

53.　　了解有关消费者利益的具体建议，参见《经合组织准则》，八。

54.　　《国际金融公司绩效标准 3》将"良好国际行业实践"定义为"熟练而有经验的专业人员在全球或区域相似情况下进行同类活动时所表现出的专业技能、努力程度、谨慎程度和预见力。其结果应该是针对具体项目的情况采用最合适的技术。"

55.　　《国际金融公司绩效标准 4》。

56.　　尊重权利、生计和资源的负责任农业投资原则 5。1963 年，由联合国粮农组织与世界卫生组织共同组建的国际食品法典委员会建议国际食品标准、指南和实务守则，保护消费者健康，确保粮食贸易中的公平实践。国际食品法典委员会还推动国际政府组织和非政府组织制定的不同食品标准之间的协调。危害分析与关键控制点（HACCP）原则是食品法典的一部分，是一种系统的方式，能够确保食品安全，防范生产过程中可能导致成品不安全的生物、化学和物理危险，设计措施，减少上述风险，使之达到安全水平。七大原则如下：（1）开展危险分析；（2）识别关键控制点；（3）确定关键限值；（4）监测关键控制点；（5）制定纠正措施；（6）验证；与（7）记录。HACCP 体系可用于食品链的各个阶段，从食品生产到制备过程，包括包装与分销。

57.　　例如，全球食品安全倡议认可的方案包括 SSC 22000 食品安全管理体系、英国零售商协会（BRC）全球标准与国际特种标准。欧洲食品安全局也制定了食品安全标准。

58.　　根据 2006 年的食品法典委员会，可追溯性被定义为在生产、加工和分销指定阶段追溯食品动向的能力。可追溯性工具应能够根据食品检验和认证体系的目标，在食品供应链的任何指定阶段，识别食品来源（前溯）和食品去向（后溯）。

59.　　食物相关权利还在其他国际性和区域性文件中受到保护，包括《儿童权利公约》（CRC）、《消除对妇女一切形式歧视公约》（CEDAW）和《残疾人权利公约》（CRPD）。

60.　　联合国经济、社会、文化权利委员会第 12 号一般性意见（1999 年），第 6、15 和 27 段。

61.　　了解进一步信息，参见营养获取指数，网址：*www.accesstonutrition.org*。

62.　　农业和粮食系统负责任投资原则 1.i 与 iii、2.iii 与 iv，以及 8.i, 3.i 与 iii；尊重权利、生计和资源的负责任农业投资原则 2；《国家粮食安全范围内土地、渔业及森林权属负责任治理自愿准则》，12.4。

63.　　合规顾问申诉专员是国际金融公司与多边投资担保机构 （MIGA）的独立追索机制，回应受项目影响社区提出的投诉，旨在增强现场的社会与环境成果。

64.　　土地和其他自然资源的权属权利尽管不属于人权，但可能对享有各种人权具有重要意义，反映在负责任商业行为标准中。土著人民对传统占据土地所有权和占有的权利是一大例外，这是国际劳工组织第 169 号公约中的规定，在不具约束力但却被广泛引用的《联合国土著人民权利宣言》中提倡（见附件 B）。

65.　　非自愿安置是指因土地征用和/对自然资源使用的限制而导致的实体迁移（搬迁或丧失土地）和经济迁移（丧失自然资源或获得更少的自然资源，导致丧失生计）。受影响人员无权拒绝土地征用和/或对自然资源使用的限制时，安置视为非自愿（《国际金融公司绩效标准 5》）。

66.　　《国家粮食安全范围内土地、渔业及森林权属负责任治理自愿准则》，2.4；尊重权利、生计和资源的负责任农业投资原则 1；阿格维古准则 13；《国际金融公司绩效标准 7》，第 8 段。

67.　　阿格维古准则 13。

68.　　《国家粮食安全范围内土地、渔业及森林权属负责任治理自愿准则》，12.4 和 16.1；《国际金融公司绩效标准 5》，第 8 段；《国际劳工组织关于土著和部落民族公约》，1989（第 169 号公约），第 16 条。注意，主要农业食品公司最近有关征占土地的承诺也提及这些标准。

69.　　尊重权利、生计和资源的负责任农业投资原则 6.2.1；《国际金融公司绩效标准 5》，第 9-10 段、第 19 段、第 27-28 段，以及《国际金融公司绩效标准 7》，第 9 段和第 14 段。

70.　　《国际金融公司绩效标准 5》，第 30 段。此外，该标准的第 31 段要求企业制定补充安置/生计恢复计划。

71.　　世界动物卫生组织的定义得到 170 余个国家的认可。根据该定义，动物福利是指动物如何处理其生存条件。动物如果（科学证据表明）健康、舒适、营养良好、安全、能够表现先天性为，且不遭受痛苦、恐惧和苦恼等不愉快的状态，则处于良好的福利状态。了解进一步信息，请访问：www.defra.gov.uk/fawc。

72. 世界动物卫生组织对动物福利建议的引言，即《陆生动物卫生法典》第 7.1.2 条，承认五大自由。了解进一步信息，参见农场动物福利委员会的五大自由，网址：*www.fawc.org.uk/freedoms.htm*。

73. 参见 *http://eur-lex.europa.eu/legal-content/EN/TXT/?uri=CELEX:12012E/TXT*。

74. 这些标准包括：《国际金融公司有关畜牧业运营中动物福利的良好实践说明》；英国皇家防止虐待动物协会（RSPCA）的自由食物；红色标签；良好农业规范（GAP）5 步；以及土壤协会的有机标准。

75. 世界动物组织，《陆生动物卫生法典》，2015，第 7.1.4 条。这些风险减轻措施与农场动物福利商业基准的实质性标准一致（www.bbfaw.com）。

76. 害虫管理计划应旨在结合各种不同技术，比如利用益虫或有益微生物的生物控制、抗虫害作物品种和喷雾或剪枝等替代农业实践，减少害虫发展。

77. 《经合组织准则》，六.1。

78. 《国际金融公司绩效标准 1》，第 5 段和第 21-22 段。

79. 《经合组织准则》，六.2-3。

80. 《经合组织准则》，六.1，4-5；《国际金融公司绩效标准 1》，第 5 段和第 21-22 段；联合国全球契约原则 7-8；《联合国气候变化框架公约》，第 3 条。

81. 《经合组织准则》，六.1、4 和 5；《国际金融公司绩效标准 1》，第 5 段和第 21-22 段。

82. 《经合组织准则》，六.2-3。

83. 《国际金融公司绩效标准 6》，第 7 段；《生物多样性公约》，第 8 条和第 9 条；农业和粮食系统负责任投资原则 6.ii。《国际金融公司绩效标准 6》，第 26 段也指出，"在可行的情况下，客户应将基于土地的农商和林业项目设在非林地或已经转变用途的土地上。"国际委员会关于土地用途变更和生态系统的森林政策建议（2009 年 10 月）、欧盟可再生能源指令第 2009/28/EG 号（2009 年 4 月）、欧盟木材第 995/2010 号条例（2010 年 10 月），以及 2014 年气候峰会上通过的《纽约森林宣言》，参考土地用途变更。

84. 尊重权利、生计和资源的负责任农业投资原则 7。例如，通过适当的轮作、施肥、牧场管理和合理的机械或保护耕作实践，可以保持土壤肥力。

85. CEO 水之使命——联合国秘书长于 2007 年启动的一项公私倡议，旨在帮助企业制定、实施和披露水可持续性政策与实践——要求制定与节水、废水处理和降低耗水量相关的目标。但是，"里约+20"峰会的成果文件《我们憧憬的未来》关注提高用水效率、减少水损失。

86. 农业和粮食系统负责任投资原则 8.iii。

87.　　农业和粮食系统负责任投资原则，6.iii。还应评估食物垃圾，包括通过计量食物垃圾。只要可行，应随时将垃圾减量化，比如将技术转让给第三方或者提高对食物垃圾及其后果的意识。垃圾不可避免时，应该将送到填埋场的食物减量化，比如将食物用作动物饲料或适时将其转化成能源。

88.　　《国际金融公司绩效标准 3》，第 6 段。

89.　　农业和粮食系统负责任投资原则 6.v。

90.　　《经合组织准则》，二.A.5 和 15，以及七。

91.　　《国家粮食安全范围内土地、渔业及森林权属负责任治理自愿准则》，6.9、8.9、9.12、16.6、17.5。

92.　　获取有关各国如何能够采取有效措施阻止、防范与反对在国际商务交易中贿赂外国公共官员的进一步信息，参见《经合组织委员会关于进一步反对国际商务交易中贿赂外国公共官员的建议》，*www.oecd.org/daf/anti-bribery/44176910.pdf*。

93.　　《经合组织准则》，十一.1-2。

94.　　《经合组织准则》，十.2-3。

95.　　《经合组织准则》，九.1-2；农业和粮食系统负责任投资原则 7.iv。

96.　　农业和粮食系统负责任投资原则 7.ii;《粮食和农业植物遗传资源国际条约》，第 9.3 条。

97.　　《经合组织准则》，九。

参考文献

国际金融公司与多边投资担保机构合规顾问申诉专员（2013），《年报》，合规顾问申诉专员，华盛顿特区。

国际金融公司与多边投资担保机构合规顾问申诉专员（2008），《开发项目申诉机制设计与实施指南》，顾问指引，合规顾问申诉专员，华盛顿特区。

英国环境、食品和农村事务部（2003），《牲畜福利建议规范》中的"序言"，英国环境、食品和农村事务部，伦敦。

欧盟委员会（2011），《报告：行业解决食品供应链中社会议题的企业社会责任方式》，更好运作的食品供应链高层论坛，农副食品行业竞争力专家平台，欧盟委员会，布鲁塞尔。

联合国粮农组织（2013），《发展中国家农业中外国农业投资的趋势与影响：来自案例分析的证据》，联合国粮食及农业组织，罗马。

联合国粮农组织（2011），发展中国家农业部门国际投资的专家会议报告，2011 年 11 月 22-23 日，联合国粮食及农业组织，罗马。

联合国粮农组织（2010），《尊重权利、生计和资源的负责任农业投资原则》，联合国粮农组织、国际农业发展基金、联合国贸发会议与世界银行集团编制的讨论记录，联合国粮食及农业组织，罗马。

国际金融公司（2014），《改善畜牧业中的动物福利》，良好实践记录，国际金融公司，华盛顿特区。

国际金融公司（2012），《国际金融公司绩效标准》，国际金融公司，华盛顿特区。

国际金融公司（2009），《解决来自受项目影响社区的申诉——设计申诉机制的项目和公司指南》，第 7 号良好实践记录，国际金融公司，华盛顿特区。

国际食物政策研究所（2006），《农业职业健康危险——理解农业与健康之间的联系》，概要 13(8)，国际食物政策研究所，华盛顿特区。

国际劳工组织（2011a），《通过生产性就业与体面工作释放农村发展：基于国际劳工组织在农村地区 40 年的工作》，提交给主管机构委员会有关就业与社会政策的论文，国际劳工组织，日内瓦。

国际劳工组织 (2011b)，《农业中的健康与安全：实务守则》，国际劳工组织，日内瓦。

国际劳工组织（2008），《联合国全球契约劳工原则：企业指南》，国际劳工组织，日内瓦。

国际劳工组织（2006），《关于多国企业和社会政策的三方原则宣言》，国际劳工组织，日内瓦。

国际劳工组织（2005），《农业中的健康与安全》，国际劳工组织，日内瓦。

McDermott, Selebalo, Boydell（2015），《对未登记土地的估值》，2015 年世界银行土地与贫困大会的报告论文，世界银行，华盛顿特区。

经合组织（2011），《经合组织跨国企业准则》，2011 年更新版，经合组织出版，巴黎，*http://mneguidelines.oecd.org/text*。

经合组织（2006），《经合组织治理薄弱地区跨国企业风险认识工具》，经合组织出版，巴黎，*www.oecd.org/daf/inv/corporateresponsibility/36885821.pdf*。

英国皇家防止虐待动物协会（2014），《大型农业：简报，以乳品业为重点》，英国皇家防止虐待动物协会，Southwater。

芒登项目/权利与资源倡议（2013）。全球资本、地方特许权：针对新兴市场经济体中土地权属风险与工业特许权的一项数据驱动研究，芒登项目有限公司。

透明国际（2011），《土地部门的腐败》，工作文件 04/2011，透明国际。

联合国（2009），《大规模征地与土地租赁——应对人权挑战的一组最低原则与措施》，联合国食物权利特别报告员，联合国文件 A/HRC/13/33/3/Add.2，http://www.srfood.org/images/stories/pdf/officialreports/20100305_a-hrc-13-33-add2_land-principles_en.pdf。

联合国贸发会议（2009），《跨国公司，农业生产与发展》，世界投资报告，联合国贸易和发展会议，纽约与日内瓦。

联合国环境规划署（2015），《银行与投资者软商品风险政策，农业价值链中森林砍伐与森林退化风险的评估框架》，联合国环境规划署。

联合国人居署（2015），人居三大会期刊论文与政策单位，联合国住房和可持续城市发展大会，内罗毕。

世界银行与联合国贸发会议（2014），大规模农业投资中的负责任投资实践——企业绩效的意义与对地方社区的影响，世界银行报告编号 86175-GLB，农业与环境服务讨论文件 08，世界银行与联合国贸易和发展会议，华盛顿特区。

附件 **B.** 与土著人民合作

如企业政策示例中所述，在启动可能影响社区的运营之前，以及运营期间和运营结束时，应该与社区开展真诚、有效和有意义的磋商。此外，一些国际文件和标准确定了国家的承诺，即通过参与磋商，以在批准影响土著人民土地或领土与其他资源的项目之前，获得土著人民的自由、事先和知情同意（FPIC）。[1]根据一些人权机构和土著人民，自由、事先和知情同意的概念源自土著人民的自治、领土与文化权利，且对于实现上述权利必不可少。一些国家的全国性法律符合开展磋商与合作，以获得自由、事先和知情同意的承诺。[2]

《农业和粮食系统负责任投资原则》和《国家粮食安全范围内土地、渔业及森林权属负责任治理自愿准则》要求开展有意义的磋商，从而获得土著人民的自由、事先和知情同意。此外，一些主要的农业食品公司和商品圆桌会议要求在特定条件下获得自由、事先和知情同意。例如，棕榈油可持续发展圆桌会议（RSPO）要求获得受影响群体的自由、事先和知情同意，才能将土地用于建设棕榈油种植园。[3]在产生不利人权影响的情况下，《经合组织准则》参考了有关土著人民权利的联合国文件，但在表述上没有采用自由、事先和知情同意的字眼。[4]

土著人民的定义

土著人民没有统一的定义，与土著群体并非同质实体。但是，国际劳工组织（ILO）借鉴了其第 169 号公约，将土著人民表述为独特的社会与文化群体，在不同程度上具备以下特征：

- 自我确定为一个独特文化群体的成员；

- 传统生活方式；

- 文化与生活方式不同于国家中的其他人群，比如其谋生方式、语言、习俗等；

- 拥有可能包括传统习俗和/或法律的社会组织。[5]

自我确定为土著应被视为是决定土著人民的一项根本标准。[6]

土著人民受不利影响的方式可能不同于其他利益相关方团体，或比其他利益相关方团体更加严重，因为他们与土地的关系通常在社会、文化和宗教实践、文化与社会经济地位中起重要作用。他们通常是最被边缘化、最弱势的群体之一，面临歧视和严重贫困，因此更加脆弱，对不利影响的适应性更差。不管运营所在地的法律框架如何，土著人民基于与土地的关系、文化和社会经济地位，通常拥有习惯或传统权利：

- **土地**：土著人民通常与祖先的土地存在特殊联系和/或对其拥有习惯权利。这种与土地的关系是土著人民的一个显著特征，因此与土地相关的影响，比如获取更少的土地或丧失土地，或者环境恶化，可能影响土著人民、其生计和文化，与非土著利益相关方群体相比，影响更为严重。此外，土著人民的习惯土地权利可能未得到国家法律的承认。在磋商中应该探寻与圣地或具有文化重要性地区相关的无形价值。

- **文化**：土著人民可能拥有独特的文化价值与特征，在与土著人民合作时，应考虑并尊重这些文化价值与特征。例如，隐私议题对土著人民尤为重要，比如因为社会或文化歧视与边缘化遗留的影响，或者由于缺乏与主流文化的联系而造成的敏感性。在这些情况下，合适的参与实践可包括在记录仪式、典礼与通过仪式信息，确保不破坏文化生活的同时，寻求同意。运营导致安置和/或迁移时，这一点尤为重要。鉴于土著人民的传统生活方式通常与特定领土密切相关，安置会导致丧失社会网络、文化侵蚀和语言及独特身份的消失。大规模商业活动中的就业可能同样被一些土著人民视为损害传统活动。引入现金经济可能不符合先前存在的交流关系。与土著人民合作可以识别减轻这些影响的方法，反映其愿望和优先事务。

- **社会经济地位**：在世界很多地方，土著人民是最被边缘化、最弱势的人群之一。他们通常面临歧视，遭受严重的贫困，处于社会不利地位。他们通常不太知情，不太能够捍卫自身权利、保护自身的文化遗产。这意味着，土著人民对冲击和不利影响的适应性差，更容易受到严重经济与社会后果的影响。他们使用独特的方言，或者依赖口头传统沟通信息，这会导致有效沟通信息困难，需要采取创新的方式进行磋商与合作。此外，重要的是要考虑可能存在历史申诉，让活动复杂化。

土著群体包括在不同程度上遭受不利影响的个人，并包含更加弱势的群体，比如妇女和儿童，她们应该在参与过程中得到特殊关注。

实施自由、事先和知情同意

企业应始终遵守国内法律法规，并尊重相关国际公认的人权。[7]无论监管或运营要求如何，在整个项目规划过程中，企业应预测，土著人民期望开展寻求自由、事先和知情同意的磋商，如果该期望未得到满足，可能会产生风险。在一些不强制要求获得自由、事先和知情同意的国家，企业应考虑当地的期望，对土著人民构成的风险[8]，以及当地的反对意见对运营构成的风险。企业应实施参与战略，只要土著人民的合理期望不违反国内法律便应得到满足。

就这点而言，在努力实施自由、事先和知情同意时，以下关键步骤可能有助于与土著人民开展合作：

- 与受影响的土著人民就寻求自由、事先和知情同意的磋商过程达成一致。为此，应该确定应寻求同意的具体的当前和未来活动。[9]在有些情况下，可以通过正式协议或法律协议开展上述过程。[10]该过程应该始终基于真诚谈判，不涉及胁迫、恐吓或操控；

- 根据治理制度、习惯法和实践，与受影响土著人民就适当同意包含的内容开展磋商，并达成一致，比如社区是否大部分同意或者长老会是否批准。土著人民应该能够通过其自由选择的代表、习惯机构或其他机构参与磋商；

- 在项目规划过程中，在应该寻求同意的活动开始或授权之前，尽早参与寻求同意的过程；

- 认识到寻求自由、事先和知情同意的过程需要不断反复讨论，而不是一劳永逸的。与地方社区的持续对话，能够建立信任关系、达成平衡的协议，使项目各个阶段中的投资受益；

- 以及时、客观、准确、易懂的方式向土著社区提供与活动相关的所有信息；

- 记录已经获得的承诺/协议，酌情包括详细说明哪些活动已经或尚未获得同意、同意的条件、正在进行谈判的领域，并以易懂的形式和语言及时与土著社区分享上述信息；

- 确定在以下情况下采取的措施：a)土著人民拒绝协商；以及 b)土著人民不同意在其领土内开展活动。

回应缺乏同意或拒绝参与的情况

土著社区拒绝同意时，企业应与社区磋商，以理解缺乏同意背后的原因，以及是否能够解决或调解其一直关心的事。先前在自由、事先和知情条件下给出的同意不应随意收回。

如果未能很快获得同意或者土著人民拒绝参与，这可能对企业构成重大风险，也将对土著人民产生不利影响。在对土著人民会造成不利影响的情况下实施项目，企业应采取必要措施，停止或防范这种影响。[11]

如果，通过尽责调查，[12]企业得出结论，需要获得同意之后才能开展活动，以及在商定的过程未达成同意，活动不得开展，除非随后即将获得自由、事先和知情同意。例如，国际金融公司资助的一个项目，无论国家给出何种授权，如果需要土著居民搬迁且尚未获得土著居民的自由、事先和知情同意，项目都不得实施。

现有文件与标准摘录

标准	自由、事先和知情同意相关文本
《联合国土著人民权利宣言》（UNDRIP）[13]	如果未事先获得有关土著人民的自由知情同意……则不得进行迁离（第10条）。 各国应通过与土著人民共同制定的有效机制，对未事先获得他们自由知情同意，或在违反其法律、传统和习俗的情况下拿走的土著文化、知识、宗教和精神财产，予以补偿，包括归还原物（第11条）。 各国在批准任何影响到土著人民土地或领土和其他资源的项目，特别是开发、利用或开采矿物、水或其他资源的项目前，应本着诚意，通过有关的土著人民自己的代表性机构，与土著人民协商和合作，征得他们的自由知情同意（第32条）。 第19、29和30条也提及自由、事先和知情同意。
《国际劳工组织土著和部落人民公约》（第169号公约）[14]	当这些民族的迁离作为一项非常措施被认为是必要的情况下，只有在他们自主并明确地表示同意之后，才能要求他们迁离；如果得不到有关民族的同意，则只有在履行了国家立法和规章所规定的程序之后，才能提出这一要求。在适当的时候，上述程序中可以包括公众调查，以便为有关民族能充分地陈述其意见提供机会（第16条）。
《农业和粮食系统负责任投资原则》	对农业与粮食系统的负责任投资应该……包括包容与透明的治理结构、过程、决策……通过……与土著人民开展有效、有意义的磋商，依据《联合国土著人民权利宣言》，并酌情考虑各国的具体立场和理解，通过土著居民自身的代表性机构获取自由、事先和知情同意（原则9）。
《国家粮食安全范围内土地、渔业及森林权属负责任治理自愿准则》	各国及各方在启动任何可能会影响社区资源的项目或通过并实施会有同样影响的立法或行政措施之前，应首先和土著居民进行有诚意的磋商。和土著居民有效、有意义的磋商后，这些项目应以此为基础，依据《联合国土著人民权利宣言》，并酌情考虑各国的具体立场和理解，通过土著居民自身的代表性机构获取自由、事先知情同意（第9.9段）。 对于土著人民及其社区，各国应确保所有行动均与国家和国际法规定的现有义务保持一致，并适当顾及在相应区域及国际文书下做出的自愿承诺，包括履行国际劳工组织关于独立国家中土著和部落民族的第169号公约和《联合国土著人民权利宣言》里规定的相关义务。（第12.7段）。
阿格维古准则	在进行文化影响评估时，应适当考虑传统知识、创新与实践以及知识本身的持有人……在秘密和/或神圣知识公开的情况下，应该确保取得事先、知情同意，并采取合适的保护措施（第29段）。 针对在圣地与土著与地方社区传统上占据或使用的土地与水体上建议进行，或可能对其产生影响的开发开展影响评估时，还应考虑以下一般性

因素：

- *受影响土著与地方社区的事先知情同意：如果国家法律制度要求取得土著与地方社区的事先、知情同意，评估过程应考虑是否已经取得上述事先知情同意。与影响评估过程各个阶段相对应的、事先知情同意应考虑土著与地方社区的权利、知识、创新与实践；使用合适的语言与过程；分配足够的时间和提供准确、真实和法律上正确的信息。修改最初的开发建议将要求取得受影响土著与地方社区的额外事先知情同意（第53段）。*
- *在文化、环境与社会影响评估过程中使用的传统知识、创新与实践和技术的所有权、保护和控制……这种知识应该只有在取得传统知识所有者的事先、知情同意之后才能使用（第60段）。*

《国际金融公司绩效标准》	*自由、事先和知情同意（FPIC）没有普遍接受的定义。（……）自由、事先和知情同意建立在《绩效标准 1》中所述的知情磋商和参与程序上，并在其基础上加以扩展，应通过客户与受影响的土著居民社区之间的善意磋商建立。客户应对以下记录备案：（i）客户与受影响的土著居民社区都接受的程序；（ii）作为磋商结果各方达成协议的证据。自由、事先和知情同意不一定要求一致同意，即使社区内有个人或群体明确表示不同意，也可能达成自由、事先和知情同意。* *受影响的土著居民社区可能因丧失、远离他们的土地，或因他们的土地被开发，以及不能获取自然和文化资源，而特别容易受到影响。认识到这种脆弱性，客户应在以下情况下，获得受影响的土著居民社区的自由、事先和知情同意：* • *对传统所有或习惯用途的土地和自然资源的影响；* • *土著居民从传统所有或习惯用途的土地和自然资源迁移：为避免使土著居民从他们集体传统所有或用作习惯用途的土地和自然资源迁移，客户应考虑可行的替代项目设计。如果迁移不可避免，除非获得自由、事先和知情同意，否则客户不得继续进行项目；* • *重要文化遗产：如果项目对重要文化遗产的重大影响不可避免，客户应获得受影响的土著居民社区的自由、事先和知情同意。如果项目拟议使用文化遗产用作商业目的，包括土著居民的知识、发明或惯例，客户应……获得受影响的土著居民社区的自由、事先和知情同意。*

有关自由、事先和知情同意的进一步指导

土著人民权利专家机制（2011），专家机制第 2 号建议：土著人民与参与决策的权利。日内瓦。

Foley-Hoag（2010），执行企业自由、事先和知情同意政策：收益与挑战，Lehr, A. 与 Smith, G.。

联合国粮农组织（2014），《尊重自由、事先和知情同意——政府、公司、非政府组织、土著人民和地方社区与征地相关的实践指导》，权属治理技术指南 3。

国际劳工组织（2013），《理解土著和部落民族公约》，1989（第 169 号公约），《国际劳工组织三方成员手册》，国际劳工标准部门。

经合组织（2015），《经合组织利益相关方有意义参与采掘部门尽责调查指南》。

澳大利亚乐施会（2005），《自由、事先和知情同意指南》，Hill, C.、Lillywhite, S. 与 Simon, S.，澳大利亚维多利亚卡尔顿。

可持续生物燃料圆桌会议（2011），可持续生物燃料圆桌会议土地权利指南：尊重权利、识别风险、通过自由、事先和知情同意避免与解决争议及征地，可持续生物燃料圆桌会议，日内瓦。

联合国原住民问题常设论坛（2005），有关自由、事先和知情的方法与原住民国际研讨会报告。文件 E/C.19/2005/3，提交给联合国原住民问题常设论坛第四次会议，5 月 16-17 日。

世界银行（2005），运营政策 4.10：土著人民。华盛顿特区。

注释

1.　与土著人民相关的国际文件包括《联合国土著人民权利宣言》与国际劳工组织第 169 号公约。《联合国土著人民权利宣言》建议，各国与有关的土著人民协商合作，从而征得他们在一些情况下的自由、事先和知情同意，包括批准影响他们土地、领土和其他资源的项目（第 19 条和第 32 条）。国际劳工组织第 169 号公约对于已经批准公约的国家具有法律约束力，要求缔约各国与土著人民协商，旨在就建议的措施达成协议或共识（第 6 条）。了解有关公约关于同意规定的指导，参见国际劳工组织的《国际劳工组织三方成员手册》——《理解土著和部落民族公约》，1989（第 169 号公约）（2013）。其他联合国机构认为，与自由、事先和知情同意相关的国际标准同样适用于非国家参与方。这些机构包括联合国原住民问题常设论坛、联合国人权与跨国公司和其他工商企业问题工作组、联合国土著人民权利问题特别报告员、联合国土著人民权利专家机制，以及数个联合国人权条约机构。

2.　联合国粮农组织，《尊重自由、事先和知情同意——政府、公司、非政府组织、土著人民和地方社区与征地相关的实践指导》（2014），第 7 页，*www.fao.org/3/a-i3496e.pdf*。

3.　2013 年 4 月 25 日，"可持续棕榈油生产原则和标准"得到棕榈油可持续发展圆桌会议执行委员会的批准，并在棕榈油可持续发展圆桌会议成员的特别全体大会上通过。文件指出，如其他土地使用者未在事先知情的情况下自愿同意，使用土地种植油棕不会削弱其合法权利或习惯权利（原则 2.3）。作为指标，应该存在详述自由、事先和知情同意协商过程的谈判协议副本，其中包括：a) 表明通过与社区中所有受影响群体协商与讨论制定计划、信息已经提供给所有受影响的群体的证据，包括有关让受影响群体参与决策必须采取的措施的信息；b) 表明公司在社区作出决定时尊重社区同意或拒绝同意运营的证据；c) 表明允许在其土地上运营的法律、经济、环境和社会影响已经被受影响社区理解并接受的证据，包括等公司有关土地的所有权、特许权或租赁权到期后对土地法律地位的影响。

4. 　　参见《经合组织准则》，五.40："[……]企业应该尊重特定群体或需要特别关注群体的个人的人权，因为企业可能对这些人的人权造成不利影响。在这方面，联合国文书进一步阐明了土著人民的权利[……]。"

5. 　　国际劳工组织第 169 号公约阐述了土著和部落民族的以下定义。*部落民族*：其社会、文化和经济状况使他们有别于其国家社会的其他群体，他们的地位系全部或部分地由他们本身的习俗或传统或以专门的法律或规章加以确定；*土著民族*：他们因作为在其所属国家或该国所属某一地区被征服或被殖民化时，或在其目前的国界被确定时，即已居住在那里的人口之后裔而被视为土著，并且无论其法律地位如何，他们仍部分或全部地保留了本民族的社会、经济、文化和政治制度。

6. 　　参见国际劳工组织第 169 号公约，第 1.2 条。

7. 　　《经合组织准则》，一.2 与四.1。

8. 　　以下资源提供有关社区对自由、事先和知情同意期望的详细信息：《自由、事先和知情同意指南》（2014），澳大利亚乐施会；《让自由、事先和知情同意成为现实：土著人民与采掘行业》，Doyle C. 与 Carino J.，密德萨斯大学，PIPLinks & ECCR（2013），*www.ecojesuit.com/wp-content/uploads/2014/09/Making-FPIC-a-Reality-Report.pdf*。

9. 　　下表中的国际文件详细说明需要自由、事先和知情同意的情况，比如在需要安置的情况下。

10. 　　已经表明，自由、事先和知情同意可以理解为一种提升后更加正规形式的社区参与。结果，在某些情况下，公司在土著领土上或附近开发项目，可能产生重大不利影响，此时公司有兴趣参与更加正式的磋商过程。参见 Lehr & Smith，《执行公司的自由、事先和知情政策》，Foley Hoag，2010，第 8 页，*www.foleyhoag.com/publications/ebooks-and-white-papers/2010/may/implementing-a-corporate-free-prior-and-informed-consent-policy*。世界资源研究所为一些公司提供建议，这些公司通过合法认可过程，比如正式协议，外加利益相关方参与的其他良好实践，努力克服实施自由、事先和知情同意程序的挑战。参见世界资源研究所，《无冲突开发：社区同意的商业案例》（2007）。

11. 　　《经合组织准则》，二.B.18-19 与四.40 与 42。

12. 　　至于与土著人民合作，应寻求专业法律意见，以澄清法律义务。

13. 　　2007 年发布的《宣言》是一份不具法律约束力的文件，由联合国大会通过，其中 143 个国家赞成、4 个国家反对、11 个国家弃权。《宣言》反映了这些国家的政治意图。

14. 　　1989 年通过的该公约对 22 个批准公约的国家具有约束力。国际劳工组织内部通过该公约，表明国际劳工组织三方成员之间就土著和部落民族的权利和政府保护这些权利的责任达成共识。公约的基础是：尊重土著人民的文化与生活方式、承认他们对土地和自然资源的权利、界定自身优先发展事项的权利。主要原则是磋商和参与。

OECD PUBLISHING, 2, rue André-Pascal, 75775 PARIS CEDEX 16

(20 2016 01 C P) ISBN 978-92-64-27300-9 – 2017